ÉTUDES

SUR

L'ARTILLERIE DE CAMPAGNE

RECHERCHE

des moyens de tendre la trajectoire

DANS LE CAS DES PROJECTILES CREUX

APPLICATION A UN PROJET DE PIÈCE DIVISIONNAIRE

PAR

A. PINAT

INGÉNIEUR DES FORGES D'ALLEVARD

PARIS

CH. TANERA, ÉDITEUR

LIBRAIRIE POUR L'ART MILITAIRE, LES SCIENCES ET LES ARTS

Rue de Savoie, 6

1872

ÉTUDES

L'ARTILLERIE DE CAMPAGNE

ÉTUDES

SUR

L'ARTILLERIE DE CAMPAGNE

RECHERCHE

DES MOYENS DE TENDRE LA TRAJECTOIRE

DANS LE CAS PARTICULIER DES PROJECTILES LÉGERS

APPLICATION A UN PROJET DE PIÈCE DIVISIONNAIRE

PAR

A. PINAT

INGÉNIEUR DES FORGES D'ALLEVARD

AVEC PLANCHE

PARIS

CH. TANERA, ÉDITEUR

LIBRAIRIE POUR L'ART MILITAIRE, LES SCIENCES ET LES ARTS

Rue de Savoie, 6

1872

AVANT-PROPOS

AUX ARTILLEURS

Je soumets un nouveau travail aux officiers d'artillerie. J'ai reçu de beaucoup d'entre eux les témoignages les plus bienveillants à propos de ma première notice sur une artillerie volante. C'est un peu leur fait si j'ai osé cette fois aborder plus ambitieusement les grands côtés de la question si pressante de l'artillerie divisionnaire en France.

Les idées que je vais exposer ne sont, d'ailleurs, que des déductions fort immédiates et comme des *prolongements* tout indiqués des données conquises déjà par les travaux sur la matière. Les belles théories de Poinsot sur la rotation des corps, les intéressantes études du général Mayevski, et les savantes recherches de nos officiers français, ne sont pas seulement mes sources ; elles dominent sans cesse dans ce qu'on va lire, et je n'ai fait, je crois, qu'en rassembler et utiliser les enseignements, en y joignant la considération de la vitesse relative de l'air par rapport aux différents points de la surface du projectile. Cette considération elle-même, assez féconde en déductions pratiques, est trop naturelle et trop simple pour que je puisse m'en attribuer l'initiative.

Du reste, le nouveau est difficile en artillerie avec la quantité d'esprits cultivés qui explorent ce domaine dans tous les pays. Aussi ai-je rencontré, préexistante de toutes pièces, dans le canon Whitworth de campagne, une réalisation, comme à dessein, bien que partielle seulement, du programme spécial auquel aboutit mon étude.

Les beaux éléments de tir du Whitworth deviennent ainsi une sanction toute faite de la partie théorique de mon travail, d'autant plus que les qualités spéciales de ce système d'artillerie, qui rompt franchement avec les perfectionnements les plus recherchés aujourd'hui, n'étaient pas, que je sache, bien nettement expliquées jusqu'à présent.

J'appuie de cette sanction ce que la même étude me conduit à proposer, comme de nature à développer les propriétés heureuses du Whitworth, jusqu'à un point qui s'annonce comme très-séduisant. Je ne m'exagère pas toutefois la nouveauté de mes dispositions : on en trouvera des germes, soit dans les écrits sur l'artillerie, soit dans certains détails entrés dans la pratique des armements étrangers ; mais elles n'en paraîtront que moins insolites ; et il n'était pas indifférent de les réunir, de les justifier, et surtout de les développer dans le sens de leur direction rationnelle.

C'est ce qui m'a fourni le corps de solution que je présente comme se donnant pour but la tension des trajectoires, et ne prenant pour moyens que des déductions immédiates de considérations théoriques bien acquises.

Ce n'est nullement le Whitworth, et c'est en dehors, tout autant que lui, des errements de l'artillerie perfectionnée du jour. L'originalité ne fait donc pas défaut en fin de compte ; il n'y en a même que trop probablement pour l'accueil que cela peut me réserver.

Même dans la partie plus particulièrement théorique de mon travail, je n'ai pas voulu faire de la science. Après avoir rappelé celle des théories de Poinsot qui établit l'action d'un couple sur un solide animé d'un mouvement de rotation, je n'appuie mes déductions que de considérations élémentaires procédant graphiquement pour la plupart. Je laisse à d'autres le soin de fouiller les mêmes questions avec les élégantes ressources de l'analyse, elles y prêtent beaucoup ; mais les modestes méthodes que j'y applique suffisent pour des indications intéressantes et même pour la rédaction détaillée d'un programme d'essai. Or, quoi qu'on fasse, le dernier mot sera toujours à l'expérience.

A. PINAT.

INGÉNIEUR DES FORGES D'ALLEVARD.

Janvier 1872.

ÉTUDES

SUR

L'ARTILLERIE DE CAMPAGNE

CHAPITRE PREMIER.

Préliminaires.

1... Quand un projectile est lancé dans l'air, son mouvement, quelque complexe qu'il soit, peut, d'après un principe fondamental de mécanique, se décomposer en deux autres accessibles à l'analyse, savoir :

1° Une translation du centre de gravité G du corps qui s'accomplit, sous l'influence de la vitesse initiale, comme si ce point était seul et que toute la masse y fût concentrée, en même temps qu'y serait appliquée la résultante de translation de toutes les forces.

2° Une rotation du projectile autour du point G, qui s'accomplit comme si ce point était fixe et sous l'influence à la fois du mouvement rotatoire initial et des couples, qui résultent autour de G, du transport fictif des forces en ce point.

Le parcours du centre de gravité est donc la trajectoire même du projectile. Son tracé dépend de la vitesse initiale de translation, qui détermine son premier élément; de la pesanteur, qui lui imprime dans le plan de tir une courbure dont la concavité est vers le sol; et de la résistance de l'air, qui agit de même en ce qu'elle réduit constamment la vitesse, mais qui de plus, n'étant pas tout à fait dirigée dans le plan de tir, puisque le projectile tourne sur lui-même, imprime à la trajectoire une certaine *dérivation* hors de ce plan et en fait une courbe à double courbure.

2... On peut dire que dans le tir de plein fouet, le seul que j'examinerai, la balistique se donne pour but :

1° D'assurer d'un coup à l'autre, pour un même pointage, la constance de figure de la trajectoire: c'est la précision;

2° De tendre le plus possible la courbure de la trajectoire, c'est-à-dire d'en diminuer la flèche : c'est la portée maximum plus grande; et c'est aussi un tir plus efficace pour toutes les portées, car l'angle d'attaque du sol étant plus aigu, la zone dangereuse est plus développée.

Au premier de ces résultats, la précision, contribuent : le dosage constant des charges, le bon centrage dans l'âme, la régularité de forme et l'homogénéité des projectiles; toutes conditions qui assurent la constance en grandeur et en direction de la vitesse initiale de translation. Un autre élément capital de la précision est la rotation initiale du projectile sur lui-même. Or ce mouvement diffère essentiellement selon que l'âme du canon est rayée ou ne l'est pas. Au sortir d'une âme lisse, la rotation du projectile sur lui-même est capricieuse et irrégulière; elle est par conséquent suivie, durant le trajet dans l'espace, d'une rotation autour du centre de gravité absolument désordonnée, donnant lieu, dans la résistance de l'air, à des composantes instantanées échappant également à toute réglementation et essentiellement variables d'un coup à l'autre. Les âmes rayées ont, au contraire, pour effet une rotation initiale du projectile autour de son axe de figure, c'est-à-dire autour d'un axe *permanent* de rotation, qui, dans l'espace, reste parallèle à lui-même ou ne varie de direction que selon des lois connues. L'influence de la rotation initiale sur les variations de la résistance de l'air, et, par suite, sur la courbure de la trajectoire, devient donc régulière. Aussi les armes rayées sont-elles la plus complète solution, jusqu'à présent, de la précision du tir.

Le second résultat, la tension de la trajectoire, dépend, pour une poudre donnée : de la charge en poudre relativement au poids du projectile, des frottements dans l'âme et de la bonne utilisation des gaz, toutes conditions qui déterminent la grandeur de la vitesse initiale. Mais la résistance de l'air apparaît encore ici comme élément de premier ordre, et effectivement, après avoir assuré une grande vitesse initiale, le premier soin doit être de la conserver autant qu'il se peut. C'est le problème le plus laborieux de l'artilleur. Il se résume en ceci : *offrir à l'air le moins de prise possible;* et les moyens sont en définitive :

D'abord augmenter la densité du projectile afin d'obtenir un moindre volume et une moindre surface pour une même somme de puissance vive;

Ensuite allonger le projectile et assurer de façon ou d'autre la coïncidence constante de son plus grand axe avec la tangente à la trajectoire, de manière à ne présenter à l'action de l'air qu'une section transversale minimum.

Ce programme de simple bon sens constitue, en ce qui concerne le projectile lui-même, toute la question de la tension des trajectoires. L'antique flèche en était une solution heureuse; la rayure des âmes en donne une autre bien remarquable, en ce qu'elle imprime au projectile un mouvement rotatoire autour de son grand axe qui se trouve dirigé lui-même selon la trajectoire à l'origine. Le rôle de la rayure est donc non moins important au point de vue de la portée qu'à celui de la précision.

La solution serait radicale si l'axe de figure restait constamment selon les divers éléments successifs de la trajectoire, comme il se trouve selon le premier, au sortir de l'âme ; mais il n'en est pas ainsi, des écarts angulaires variables se produisent, par suite desquels le projectile arrive pendant son parcours à offrir, non plus précisément sa pointe à l'action de l'air, mais plus ou moins son flanc, selon qu'est plus ou moins ouvert l'angle de l'axe avec la tangente à la trajectoire.

Diminuer cet angle semble donc le dernier réduit du problème de la tension des trajectoires pour les armes rayées. Et, en définitive, la poursuite de la question se pose en ces termes :

3... *Rechercher tous les moyens de maintenir, à chaque instant, l'axe de figure du projectile aussi près que possible de l'élément actuel de la trajectoire.*

Le tracé du projectile, la répartition de sa masse et la disposition de ses saillies ou ailettes, fournissent quelques-uns de ces moyens qui, pour être limités, ne sont pas insignifiants. C'est leur étude que je me propose.

Je crois inutile d'ajouter que la tension des trajectoires n'est pas la seule visée de cette recherche. La précision du tir ne saurait être désintéressée de tout ce qui régularise et refrène le mouvement relatif du projectile autour de son centre de gravité. Et, d'un autre côté, l'attaque du but par la pointe est la condition nécessaire de l'efficacité des fusées percutantes, comme d'une bonne pénétration.

Toutes mes déductions vont avoir pour base l'action d'un couple sur un solide animé d'un mouvement rotatoire. Je dois commencer par rappeler comment s'analyse cette action.

CHAPITRE II.

Action d'un couple sur un solide animé d'un mouvement de rotation.

———

4... Je ne considérerai que le cas particulier applicable aux projectiles tournants.

Soit G (fig. 1) le centre de gravité d'un solide abandonné à lui-même et animé, autour de l'axe permanent GA, d'une rotation initiale de vitesse angulaire ω. Que devient le mouvement autour du point G sous l'influence d'un couple étranger quelconque?

Soit GB, dans l'espace, la direction de l'axe de ce couple. La droite GB est dirigée du côté de G, qui convient au signe du couple. Soit a la grandeur du couple, c'est-à-dire son moment autour de G. Soit PQ un plan de projection, contenant le point G, mais quelconque par rapport aux directions de l'axe de rotation et du couple. GTAI sera le plan projetant normalement l'axe GA sur PQ.

Prenons la longueur GA égale à la quantité de mouvement ωI, qui est le fait du *couple acquis* de rotation initiale (I représente le moment d'inertie du solide par rapport à l'axe GA).

Prenons la longueur GB égale à $a.dt$, qui est l'impulsion angulaire du couple a pendant le temps infiniment petit dt. $a.dt$ est un infiniment petit par rapport à la quantité de mouvement angulaire, quantité finie, que représente GA.

Déterminons, au moyen du parallélipipède rectangle GCBED, les projections orthogonales de GB ou $a.dt$, savoir : $GC = a'.dt$ sur l'axe de rotation GA; $GE = a'''.dt$ sur une perpendiculaire à GA, dans le plan projetant ou son prolongement; et $GD = a''dt$ sur une perpendiculaire aux deux premières projections. GD sera forcément dans le plan PQ et perpendiculaire à la projection GI de l'axe de rotation.

A l'impulsion $a.dt$ on peut substituer ses trois composantes $a'.dt$, $a''.dt$ $a'''.dt$, dont les grandeurs se trouvent ainsi déterminées par les longueurs des droites GC, GD, GE. qui, par leurs directions, donnent en même temps les signes et directions d'axes des couples composants a', a'', a'''.

5... Recherchons les conditions du mouvement pendant le temps dt, en composant successivement les petites impulsions de chacun des couples composants avec la quantité de mouvement ωI, que nous désignerons par la lettre C, et qui est exprimée sur la figure en grandeur, sens et direction d'axe par la droite G A.

6... $a'.dt$ dont l'axe se confond avec G A, c'est-à-dire avec l'axe du couple acquis dont résulte la quantité de mouvement C, ne fait que modifier la valeur de cette quantité de mouvement, qui devient $C + a'.dt$, sans aucun déplacement de l'axe initial de rotation.

7... $a''.dt$, normal à G A, ne modifie C en grandeur, par sa composition avec lui au moyen du rectangle G D A' A, que d'un infiniment petit du second ordre[1].

La diagonale résultante G A', restant dans le plan des deux composants, fera avec G A un angle infiniment petit α; et, par suite de la petitesse de cet angle, conservera relativement au plan P Q la même inclinaison que G A.

Ainsi, en même temps qu'on aura G A' = G A, ces deux axes feront, avec la normale G T au plan P Q, le même angle ε. Le déplacement angulaire infiniment petit α, éprouvé par l'axe initial de rotation, du fait de l'impulsion $a''.dt$, est donc l'élément d'une surface conique de sommet G, de base A A', et dont la base a pour rayon de courbure la droite T A.

8... $a'''.dt$, normal également à C, ne modifie pas non plus sa grandeur en se composant avec lui, selon le rectangle G E A''A; et la nouvelle diagonale résultante G A'' est encore égale à G A. Mais, comme les deux composants sont dans le plan projetant G T A I, l'axe résultant G A'' s'y trouve aussi. Le déplacement angulaire élémentaire éprouvé par l'axe initial de rotation, du fait de $a'''.dt$, est donc un accroissement $d\varepsilon$ de l'angle primitif ε avec la normale G T. Autrement dit, l'axe initial décrit de ce fait le secteur élémentaire d'un cercle de centre G, dans le plan projetant.

9... Combinant ces résultats, on voit que, sous l'action simultanée des trois composants de a pendant le temps dt, la quantité de mouvement C a été modifiée dans sa grandeur par le premier seulement des composants : et que *le pôle* A de l'axe de rotation initiale a été entraîné par l'action des deux autres en A_1; de sorte que le déplacement angulaire élémentaire de l'axe initial est l'élément d'une certaine surface conique, autour de G comme sommet, et dont A A_1 forme l'élément de base.

10... On doit remarquer que le déplacement a lieu comme si le plan

---

1. Il est clair que je rappelle seulement ici les traits essentiels de cette théorie de Poinsot, et nullement les détails de démonstration.

projetant GTAI entrait en rotation, par le fait du couple a'', autour de la normale GT, d'un angle dièdre élémentaire $d\gamma$, mesuré par l'angle des traces G I, G II ; et comme si, en même temps, par le fait du couple a''', l'axe initial prenait, dans le plan mobile qui l'entraîne avec lui, un déplacement angulaire $d\mathcal{C}$.

11... Le plan projetant mobile GTAI est dit *plan azimutal*. J'appellerai a'' le *couple nodal*, et a''' le *couple de nutation*. On en verra plus loin les motifs (27).

12... Les deux vitesses angulaires de l'axe, qui correspondent à chaque instant aux actions respectives des couples a'' et a''', ont les expressions suivantes, que justifie la figure 4 :

$$\frac{d\gamma}{dt} = \frac{a''}{\mathrm{C}.\sin\mathcal{C}}, \qquad (1)$$

$$\frac{d\mathcal{C}}{dt} = \frac{a'''}{\mathrm{C}}, \qquad (2)$$

et le composant a' fournit la vitesse d'accroissement de la quantité de mouvement c :

$$\frac{dc}{dt} = a'. \qquad (3)$$

13... Dans ces formules, les divers couples interviennent avec leurs signes respectifs qui entraînent celui des vitesses. Dans l'exemple présenté par la figure 4, tout est positif ; γ, $\mathcal{C}$ et C croissent. Les divers couples, y compris le couple acquis de rotation initiale, agissent dans le sens des petites flèches que portent leurs axes dans la figure ; et notre convention doit être que ces flèches indiquent le sens qui sera considéré comme *positif* dans toute cette étude.

La valeur initiale de C étant connue, a étant donné en fonction du temps, l'intégration des trois expressions donnerait, pour un temps déterminé : β, γ et la quantité de mouvement autour de l'axe de figure.

14... Il faut bien observer :

1° Que le plan de projection est quelconque, ainsi que sa normale et le plan projetant, par rapport aux données ;

2° Que les composants coordonnés de $a.dt$ sont mobiles avec le plan azimutal, et que, quand même le couple a resterait constant et conserverait une position fixe dans l'espace, les coordonnées a', a'', a''' n'en varieraient pas moins à chaque instant.

15... **Comme, en définitive, la surface conique**, engendrée par l'axe de rotation, est *une* dans l'espace, on comprend que sa génération par la rotation du plan azimutal et les variations de l'angle au sommet ς peut, dans certains cas particuliers, présenter des simplifications importantes par un bon choix du plan PQ, et faciliter ainsi l'étude du mouvement. On ne tardera pas à en trouver l'exemple.

CHAPITRE III.

Détermination du mouvement dans l'espace d'un projectile d'arme rayée.

— ——— —

§ I. — MOUVEMENT RELATIF D'UN PROJECTILE D'ARME RAYÉE AUTOUR
DE SON CENTRE DE GRAVITÉ.

16... Si j'ai su rappeler clairement les généralités qui précèdent, il
sera facile, par des considérations simples, d'en tirer la loi du mouvement relatif, qui se produit autour du centre de gravité d'un projectile
parcourant sa trajectoire au sortir d'une arme rayée.

Reprenons la figure 1, à nouveau, comme si nous ne nous en étions
pas encore occupés ; et soit K L M N un projectile considéré à un moment quelconque de son trajet. Un mouvement rotatoire l'anime sur son
axe de figure G A, qui est représenté dans l'espace, et fait actuellement,
avec la tangente G T à la trajectoire, un certain angle δ.

Ne nous occupons pas, pour le moment, du mouvement de translation
du centre de gravité : étudions seulement le mouvement relatif du solide
autour de ce point considéré comme fixe.

·Ce mouvement sera la combinaison de la rotation initiale et de l'action
d'un certain couple résultant dont l'examen est à faire. Mais, dès à présent, on sait, d'après ce qui précède, et quel que soit le couple, que le
mouvement relatif consistera en une rotation du projectile autour de
l'axe de figure qui, lui-même, décrira une certaine surface conique sur G,
comme sommet.

On sait aussi (10) que ce mouvement conique de l'axe de figure se fait
comme si un plan azimutal, contenant à la fois l'axe et une droite charnière concourant en G avec l'axe, tournait sur cette charnière en entraî-
nant l'axe, pendant que ce dernier prendrait dans le plan azimutal un
déplacement angulaire ou nutation autour de G ; le plan azimutal et la
charnière étant d'ailleurs arbitraires.

17... Choisissons comme charnière la droite G T, tangente actuelle à
la trajectoire. Le plan azimutal est alors G T A ; et P Q, mené en G, normalement à G T, est le plan de projection.

18... Étudions maintenant le couple auquel est soumis le projectile, et sous l'influence duquel va se modifier le mouvement relatif autour du centre de gravité.

Chacune des forces extérieures, savoir : la pesanteur et la résistance de l'air, transportée parallèlement à elle-même au centre de gravité, y donne lieu à une force de translation qui est sans action sur le mouvement relatif et à un couple.

Pour la pesanteur, le couple est nul; car la force elle-même est appliquée au centre de gravité dès le principe. Ainsi, en présence du mouvement initial de rotation, dont la quantité de mouvement n'est autre que la quantité C du chapitre précédent et de la figure 1, il ne reste que le couple dû à la résistance de l'air : ce sera notre couple a. Il va se présenter dans des conditions toutes spéciales.

19... Il faut observer d'abord que la *rencontre* de l'air avec le projectile se fait, en tous les points de contact, selon une direction parallèle à la tangente G T ; et que, en général, dès que ϵ n'est pas nul, le mobile présente à cette rencontre une certaine portion de son flanc, limitée à l'intérieur d'une enveloppe cylindrique fermée qu'engendrerait une droite se mouvant parallèlement à G T, et tangentiellement au projectile. Le cylindre en question sera donc constamment divisé en deux parties égales par le plan azimutal qui est *principal* au projectile ; et la résistance de l'air sera répartie symétriquement à ce plan.

S'il n'y avait pas de frottements tangentiels, la résultante serait dans ce plan même ; mais les divers frottements ont pour effet de l'incliner. Elle est de plus variable et mobile ; car, à chaque variation de ϵ, le projectile se présente d'une manière différente à la rencontre de l'air. Cependant jamais, dans sa mobilité et ses variations, la résultante ne cesse d'être entraînée dans le mouvement du plan azimutal, avec lequel elle fait un angle qui ne varie pas selon les diverses positions de ce plan.]

20... Il y a donc ici ce fait particulier que le couple a est mobile avec le plan azimutal; d'où il résulte que ses composants a', a'', a''', qui sont coordonnés précisément à un système de projections dont le plan azimutal forme la base, n'ont plus de variation due aux changements d'azimut (11), et ne varient plus qu'avec a lui-même.

21... Il en va résulter une simplification importante dans le mouvement relatif du projectile autour de son centre de gravité.

Supposons en premier lieu que la résistance de l'air soit sensiblement dans le plan azimutal, ce qui implique l'insignifiance relative des réactions tangentielles. L'axe G B du couple a (fig. 1) se confond alors avec la composante nodale G D, et il n'y a plus à tenir compte que de a''. L'axe du projectile décrira donc en un instant quelconque un élément de surface conique autour de la tangente, comme dans le cas général examiné précédemment (7). Mais, dans les instants suivants, il arrive ici que la composante a'' ne saurait prendre aucune valeur, puisque la direction de a a participé au déplacement azimutal, et que les composants du couple ne changent pas avec les azimuts. Un second élément de surface conique succédera donc au premier, avec le même angle ε et le même rayon de courbure à la base, et ainsi de suite; de sorte que la surface conique sera en réalité *de révolution* autour de la tangente G T. Et le pôle A tracera la circonférence A O R S[1].

La vitesse de ce mouvement conique de révolution est donnée par la formule déjà exprimée :

$$\frac{d\gamma}{dt} = \frac{a''}{C \sin \varepsilon}. \tag{1}$$

22... Le signe de la vitesse, c'est-à-dire le sens actuel du mouvement, dépend du signe de a''. Lorsque la résultante des résistances de l'air a son point d'application en avant du centre de gravité, sa tendance *directe*[2] est d'éloigner de la tangente la pointe du projectile; son couple agit donc dans le sens de la flèche $a''dt$ dans la figure, c'est le sens positif. L'axe GD est saillant du plan de la figure en avant de G; de même le point A' par rapport à A.

23... Je dirai que, dans ce cas, le sens du mouvement conique est *vers la droite* du plan azimutal, c'est-à-dire que la pointe du projectile se dirigerait sans cesse vers la droite d'un observateur qui, couché sur la tranche de ce plan, les pieds vers le canon et la tête vers le but, regarderait la trajectoire tout en participant au mouvement azimutal.

Si la résistance de l'air avait son point d'application en arrière du centre de gravité, sa tendance directe serait de rapprocher la pointe du projectile de la trajectoire; son couple agirait alors en sens inverse de la flèche de $a''dt$ sur la figure, c'est-à-dire négativement, et l'axe GD devrait être plongeant derrière le tableau, ainsi que le point A'. Le sens du mouvement conique est alors *vers la gauche* du plan azimutal.

24... Maintenant, l'hypothèse consistant à placer la résistance de l'air exactement dans le plan azimutal n'est pas conforme à la réalité ; les résistances tangentielles n'ont pas cette insignifiance; et, en fait, le plan du couple a diffère sensiblement du plan azimutal, tout en suivant son mouvement. Il y a donc à la fois, à chaque instant, un couple compo-

---

1. Il est clair que si la propriété du mouvement conique de révolution autour de la tangente se révèle ainsi d'elle-même, c'est par suite du choix de la tangente comme charnière du plan azimutal.

2. Il doit être entendu ici que les mots tendance *directe* signifient ce qui se passerait si le projectile ne tournait pas sur lui-même autour de l'axe de figure.

sant de nutation a''', peu développé ordinairement, par rapport à a; et un autre a', dont l'axe se confond avec l'axe de rotation.

En vertu des impulsions successives $a''dt$ du couple de nutation, l'axe de rotation décrit donc, autour de la tangente G T, non plus une surface coniqueexactement de révolution, mais une surface conique dont l'angle au sommet éprouve une légère nutation.

La nutation a pour vitesse :

$$\frac{d\zeta}{dt} = \frac{a''}{C}\qquad\qquad (2)$$

dont le signe, qui détermine le sens de la nutation, dépend de celui de a''', c'est-à-dire de la direction des résistances de l'air.

25... Si ces résistances tendent dans leur ensemble à faire tourner le solide autour de G E, dans le sens de la petite flèche de $a''dt$ (fig. 1), autrement dit, si elles tendent à faire tourner la pointe du projectile vers la gauche (23) du plan azimutal, le couple de nutation est positif; G E est placé du même côté de la tangente G T que l'angle ζ; le point A'' est plus éloigné de T que le point A, et ζ va croissant comme l'indique immédiatement la formule (2).

Si les résistances tangentielles se présentent dans l'autre sens, et, agissant contrairement à la petite flèche de $a''dt$, tendent à porter directement la pointe du projectile vers la droite (23) du plan azimutal, le couple de nutation devient négatif; G E passe du côté de la tangente, opposé à ζ, et cet angle va en diminuant.

Quant au couple composant $a'dt$, son rôle se borne à altérer à chaque instant selon la formule :

$$\frac{dC}{dt} = a',\qquad\qquad (3)$$

la quantité de mouvement de la rotation autour de l'axe de figure qui n'est pas affectée par les deux autres composants; mais il n'influe en rien sur la position de l'axe de rotation.

26... Dans les limites de temps, où la grandeur de a varie peu, a', a'', a''' ne variant que dans la même proportion, puisque a suit le mouvement azimutal de ses coordonnées (20), les vitesses d'accroissement de γ, ζ et C sont constantes, comme le montrent les expressions (1) (2) et (3). Et le pôle A trace dans l'espace (le point G étant supposé fixe) une spirale telle que J A A_1.

27... Que A soit le pôle de la terre, PQ le plan de l'écliptique; G D, qui est à la fois dans ce plan et dans celui du couple a, sera la ligne des nœuds, l'accroissement de l'angle γ, accroissement dû au couple a'', représente alors le *mouvement de précession des équinoxes*. et les petites variations de ε, dues au couple a''', sont la *nutation* de l'axe terrestre.

C'est par suite de ces analogies que a'' peut être appelé *le couple nodal* et a''' *le couple de nutation*.

28... Je résume ce paragraphe :

Le mouvement relatif d'un projectile d'arme rayée autour de son centre de gravité, pendant le trajet dans l'espace, doit être défini ainsi :

L'axe de figure, qui est en même temps l'axe de rotation[1], prend un mouvement conique. ayant constamment la tangente à la trajectoire pour axe, et le centre de gravité pour sommet.

Ce mouvement est déterminé comme sens et vitesse par la formule (1), qui donne la vitesse d'accroissement de l'angle azimutal γ. Il serait de révolution sans une certaine nutation de l'axe, déterminée comme sens et vitesse, par la formule (2), qui donne la vitesse d'accroissement de l'angle ε du cône.

Enfin la vitesse de rotation du projectile sur lui-même est soumise aux variations résultant de la formule (3), qui donne l'accroissement de la quantité de mouvement autour de l'axe de rotation.

§ 2. — MOUVEMENT DANS L'ESPACE DES PROJECTILES D'ARMES RAYÉES.

29... Il est facile maintenant de poser les conditions d'ensemble du mouvement dans l'espace d'un projectile tournant sur son axe de figure.

Quand il commence sa trajectoire, son axe de figure et de rotation est selon le premier élément de cette courbe. C'est alors la pointe qui se présente franchement à la résistance de l'air, dont la résultante se trouve par suite dans l'axe de figure. et passe par le centre de gravité, d'où un couple a nul. La résistance de l'air se manifeste simplement par une

---

1. A rigoureusement parler, l'axe de figure ne serait réellement l'axe de rotation que si ce dernier restait toujours parallèle à lui-même : mais comme il tourne selon une surface conique autour du centre de gravité, l'axe de figure n'est que l'axe d'une rotation *relative* du projectile, tout comme la vitesse de rotation ω n'est que relative. La rotation absolue se fait autour d'une série d'axes *instantanés*, variables dans le projectile, et dont les positions successives absolues dans l'espace constituent la surface conique en question. Chacun de ces axes instantanés réels fait, avec l'axe de figure ou de rotation relative, un petit angle qu'on déterminerait, en composant entre elles la vitesse angulaire ω et la vitesse angulaire $\dfrac{d\gamma}{dt}$, selon laquelle se décrit la surface conique. Mais comme ω est ordinairement très-grand par rapport à $\dfrac{d\gamma}{dt}$, il se trouve que l'angle des deux axes est extrêmement petit, et qu'on peut considérer l'axe de figure comme se confondant avec l'axe de rotation.

force de translation négative qui tend à ralentir le mouvement du centre de gravité.

Mais bientôt, un certain angle se produit entre la tangente à la courbe, qui s'abaisse vers le sol, et l'axe de figure qui, comme axe permanent de rotation, tend à rester parallèle à sa direction première. Le projectile commence à offrir son flanc à la résistance de l'air, dont la résultante, abandonnant l'axe de figure et le centre de gravité, donne naissance à une certaine force qui, transportée en ce point, produit à la fois une force de translation modifiant le mouvement sur la trajectoire (perte de vitesse, dérivation), et à un couple a. Sous l'influence de ce couple et par le fait de son composant nodal a'', l'axe de rotation prend autour du centre de gravité un mouvement conique qui, à chaque point du trajet, serait de révolution avec la tangente à la trajectoire pour axe, sans l'intervention du composant de nutation a''', qui fait varier légèrement l'angle du cône ; de sorte que la pointe du projectile trace une courbe telle que sa projection, sur un plan maintenu normal à la trajectoire, donnerait non une circonférence, mais une sorte de spirale. Quant au troisième composant de a, il ralentit simplement le mouvement de rotation initial.

30... Une fois que le mouvement conique de l'axe de figure autour de la tangente est commencé, l'abaissement constant de la tangente, qui a produit originairement l'angle au sommet du cône décrit, tend sans cesse à augmenter l'ouverture de cet angle.

On peut se rendre compte approximativement du fait par un raisonnement fort simple.

Élaguons pour cela tout ce qui, en dehors de l'abaissement de la tangente, peut, durant le trajet, influer sur l'ouverture d'angle de cette droite avec l'axe de figure, c'est-à-dire supposons le couple a''' de nutation nul. Supposons en outre que le couple résultant a est constant, ce qui entraîne l'uniformité du mouvement conique.

Dans ces conditions, la projection de la pointe du projectile, sur un plan normal à la trajectoire, décrit, par le fait du mouvement conique, une circonférence CBDA (fig. 15). Si la tangente ne s'abaissait pas et restait de direction constante, sa projection sur le même plan resterait au point o, centre de la circonférence ; mais, par suite de l'abaissement, cette projection se trouve en un certain point o' quand est accompli le parcours entier de la circonférence. Soit o'' sa position moyenne durant ce parcours. Décrivons de ce point comme centre et avec le même rayon que la circonférence première, deux petits arcs qui donnent sur celle-ci les intersections A et B. Deux grands arcs inégaux, ACB et ADB, sont ainsi déterminés. Or, il est clair que pendant le parcours du plus grand ACB, l'angle au sommet du cône décrit par l'axe de figure s'accroît, tandis qu'il diminue pendant le parcours de l'autre arc plus petit

ADB. Comme le mouvement est uniforme, le résultat final est un accroissement de l'angle.

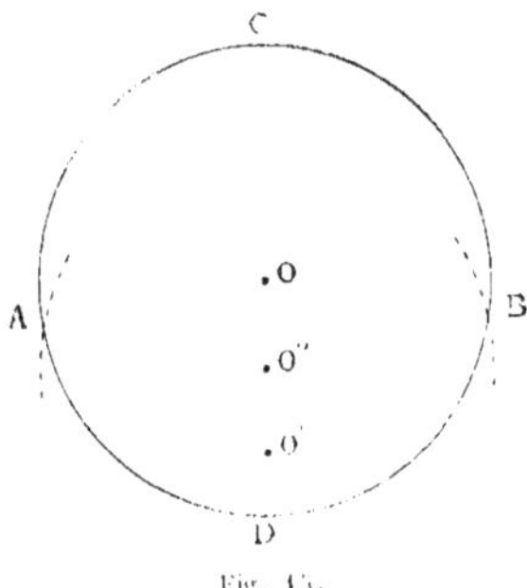

Fig. 15.

On voit donc que, plus le trajet se prolonge et plus tend à s'ouvrir, par
le fait seul de l'abaissement de la tangente à la trajectoire, l'angle de
cette ligne avec l'axe de figure du projectile.

L'observation confirme de tous points tous ces aperçus, soit qu'on
suive de l'œil un projectile lancé à faible vitesse sous un grand angle,
soit que, tirant à pleine charge, on fasse traverser au projectile une
série de cibles minces, où il laisse la silhouette de sa figure transversale
au moment du passage.

CHAPITRE IV.

Influence du couple de nutation au point de vue de la tension de la trajectoire.

§ 1. — RÔLE SPÉCIAL DU COUPLE DE NUTATION.

31... Le programme du n° 3 : « Maintenir l'axe de figure le plus près « possible de la tangente à la trajectoire, » devient maintenant abordable.

L'analyse précédente montre que l'angle δ, qu'il s'agit en somme de réduire autant que possible, n'est aucunement influencé par le couple nodal a'', qui n'a d'action que sur l'angle azimutal γ, et que δ dépend uniquement du couple de nutation a'. Le problème de la tension des trajectoires revient donc, en ce qui concerne la résistance de l'air, à combiner dans le projectile tous les éléments dont on dispose, de manière à donner au couple de nutation le signe convenable, c'est-à-dire le signe négatif et l'énergie suffisante pour annuler δ.

32... Je vais, en conséquence, évaluer a', qui se compose, comme on l'a vu plus haut, des moments réunis de toutes les forces ayant un moment autour de l'axe GE de la figure 1, partant du centre de gravité, et sans cesse perpendiculaire à l'axe de figure dans le plan azimutal.

Je laisse donc de côté le couple nodal a'', dont l'étude est intéressante au point de vue de la dérivation directement liée au mouvement conique; mais ce serait en dehors du sujet spécial que je me propose.

§ 2. — ÉVALUATION DU COUPLE DE NUTATION.

33... J'appliquerai cette recherche au cas d'un projectile dont le corps cylindrique serait muni d'un certain nombre de lignes d'ailettes *continues*, en forme d'hélices, et présentant une saillie notable. On verra par la suite que c'est seulement dans ce cas que peut naître un couple négatif de nutation important.

34... Soit, figure 2, la coupe transversale d'un projectile de ce genre, vu par l'arrière. La flèche a indique le sens de la rotation autour de l'axe de figure. Je me propose d'étudier spécialement l'action de l'air contre les *flancs* d'ailettes, tels que *cd, ef*, et le moment de ces résistances par rapport à l'axe G M du couple de nutation.

On sait qu'il faut distinguer dans une ailette le flanc *de chargement*, celui qui frotte contre les rayures de l'âme pendant qu'on charge le projectile (chargement par la bouche); et le flanc *de tir*, celui qui frotte contre les rayures de l'âme pendant la décharge. D'après le sens de la rotation dans le présent exemple, les flancs tels que *cd* sont des flancs de tir, et les flancs tels que *ef* sont des flancs de chargement.

35... Les phénomènes sont complexes, et je ne vise nullement à une analyse rigoureuse. Je vais donc, pour plus de clarté, scinder l'examen et le porter d'abord sur les deux zones superficielles symétriques, comprises dans les angles dièdres P et P', de côté et d'autre du plan azimutal dont la trace divise en deux la figure.

§ 3. — PREMIER APPOINT AU COUPLE NÉGATIF DE NUTATION FOURNI PAR LES ZONES SYMÉTRIQUES DE CÔTÉ ET D'AUTRE DU PLAN AZIMUTAL.

36... Soit, figure 3, la projection sur le plan azimutal d'un corps cylindrique d'obus, armé d'une saillie-ailette continue, projetée en ABBA. Admettons que les surfaces hélicoïdales, qui forment les flancs de tir et de chargement de cette ailette se projettent sur la figure, selon les droites BB, AA, faisant avec les génératrices l'angle d'hélice ε.

Dans la figure 3, qui représente la partie du corps d'obus située à droite de la figure 2, G est la projection du centre de gravité et G M représente l'axe du couple de nutation.

37... Le projectile étant animé de la vitesse de translation V, dirigée vers la droite de la figure et faisant l'angle ϵ avec l'axe du projectile; si du point O quelconque d'un des flancs on trace, vers la gauche, OF égal à V, et incliné de l'angle — ϵ sur la génératrice OC au point O, cette droite représentera en grandeur et en direction ce que serait la vitesse relative de l'air par rapport au point O, si le projectile ne tournait pas.

Prenons FI perpendiculaire à OC, et égal à la vitesse de rotation des ailettes, mais dirigée en sens contraire, c'est-à-dire en allant, à partir de F, à l'opposé des flèches a, qui donnent le sens de la rotation, et traçons O I, on aura :

$$OF = -V, \quad FI = -\omega r, \quad OI = V_r;$$

ω étant la vitesse angulaire de rotation; r le rayon, mesuré (fig. 2) au point moyen de la saillie des ailettes, V_r la vitesse relative de l'air par rapport au point O.

38... Ainsi le point O se meut en réalité, selon la direction IO, avec la vitesse V_r. Cette partie du flanc reçoit donc de l'air une réaction directement opposée, c'est-à-dire dirigée de O en I, et dont l'intensité est, par unité de surface, de la forme [1] :

$$A V_r^3.$$

39... Une construction identique donnerait les mêmes résultats pour tous les points du même flanc AA. La résistance totale de l'air pour tout le flanc est donc :

$$A V_r^3 \, l. \, S ; \qquad\qquad (a)$$

en appelant l la longueur de l'ailette et S la saillie (fig. 2). Cette résistance totale a son point d'application en L, milieu de la longueur d'ailette (fig. 3).

40... Il est important de remarquer que, d'après le sens des flèches a, a, le flanc en question se trouve être un flanc de chargement et que, d'après la direction de V_r [2], le flanc de tir BB de la même ailette est *masqué* de la rencontre de l'air.

41... Maintenant, au lieu de considérer la seule ailette ABBA, étendons l'examen à toute la partie du projectile comprise de chaque côté de cette ailette, mais sans sortir du rectangle DDDD. Les deux génératrices DD, D'D', qui correspondent à peu près aux traces sur les corps d'obus des faces de l'angle dièdre P de la figure 2, sont assez peu éloignées l'une de l'autre pour que, dans leur intervalle, on puisse considérer toujours sans grande erreur les flancs hélicoïdaux comme se projetant selon les droites faisant l'angle ε avec les génératrices [3].

On trouvera dans cette région deux autres portions de flancs de chargement EH, E'H' appartenant à deux ailettes voisines.

Appliquant à ces deux portions les mêmes raisonnements que ci-dessus,

---

1. J'admets ici que la résistance de l'air est proportionnelle au cube de la vitesse de rencontre. Cela demanderait sans doute vérification. Mais on va voir qu'il ne s'agit dans tout ce qui suit que de mettre en lumière les façons d'être des réactions principales de l'air, et nullement de les évaluer avec détail et exactitude.

2. Pour vérifier que cette direction de V_r doit être, en tout cas, du côté de l'intérieur de l'ailette, comme le montre la figure 3, il suffit de répéter au point o la construction du flanc AA, au moyen de $- V_0$ et de $- \omega_r$; ce qui donne OP sur le prolongement de AA. On voit de suite que, pour peu qu'il y ait un angle β, le point I doit tomber au-dessus de la droite PAA.

3. Je suppose également que dans toute cette région les quantités V, V_r et ω_r ne diffèrent pas beaucoup de leurs projections sur le plan azimutal qui est celui de la figure 3.

on verra qu'elles sont le siége de deux résistances de l'air dirigées parallélement à V, se sommant ainsi :

$$A V^2 (EH + E'H') . S;$$ (b)

et ayant chacune leur point d'application aux milieux. L_1 et L_2, de chacune des longueurs EH et E'H'.

Or la somme $EH + E'H' = l'$ est constante, quelle que soit la position des ailettes qui passent dans la zone $DDD'D'$; on a donc, en ajoutant (a) et (b) :

$$A V^2 . S . (l + l').$$

42.... Il est clair que $l + l'$, c'est-à-dire la longueur totale d'ailettes qui se trouve passer simultanément dans la zone $DD D'D'$, est proportionnelle à la fois au nombre n des ailettes et à la longueur de l'une d'elles. On a donc en définitive, pour l'expression de la résistance totale de l'air, qui s'exerce dans la direction V, contre les flancs de chargement d'ailettes dans la zone $DD D'D'$:

$$A_1 V^2 . l.S . n.$$

43... Pour évaluer le moment de cette force par rapport à l'axe GM du couple de nutation, il faut la projeter sur le plan normal à cet axe, ce qui donne (fig. 3) :

$$A_1 V^2 . l.S . n . \cos e ;$$

et multiplier cette projection par un certain bras de levier GK (fig. 2) qui résulte de la position respective des trois points d'application L, L_1, L_2.

Il vient donc, en remarquant que GK est une certaine fraction du rayon r :

$$- A_2 V^2 . l.S . n . r . \cos e.$$ (c)

Telle est l'expression du moment, par rapport à l'axe du couple de nutation, de toute la résistance de l'air contre les flancs d'ailettes dans la zone $DD D'D'$.

44... Ce moment est négatif; car sous son influence, le projectile tendrait directement à tourner autour de GM, dans le sens de la flèche b (fig. 2 et 3), portant sa pointe *vers la droite* du plan azimutal (23), ce qui est l'inverse de la direction de la flèche de $a'''dt$ (fig. 4), qui fixe le sens positif (43). '

45... Si on applique une recherche du même genre à la zone symétrique du projectile placée de l'autre côté du plan azimutal, c'est-à-dire à sa gauche, zone qui se projette également sur la gauche de la figure 2.

dans l'angle dièdre P' ; on arrivera, comme il est facile de le prévoir, et comme le vérifie la figure 4[1], à un autre moment de même forme :

$$A_2 V_{p'}^2 . l . S . n . r \cos e'. \qquad (d)$$

C'est le moment, par rapport à l'axe GM du couple de nutation, fourni par toutes les résistances de l'air contre les flancs d'ailettes dans la zone P', à gauche du plan azimutal.

46... Il faut bien remarquer que, de ce côté du plan azimutal, ce n'est plus le flanc de chargement des ailettes, mais bien leur flanc de tir qui éprouve la résistance de l'air. C'est au tour du flanc de chargement à être masqué.

47... Le moment (d) tend à imprimer un mouvement dans le sens des flèches b' (fig. 2 et 4) ; il est donc positif (13).

Son bras de levier est GK', égal et opposé à GK.

48... La somme algébrique des moments (c) et (d) donnera l'appoint total effectif fourni au couple de nutation par les résistances contre les flancs d'ailettes dans les deux zones considérées :

$$A_2 . l . S . n . r (V_{p'}^2 \cos e' - V_{p}^2 \cos e). \qquad (e)$$

Cette expression est négative, parce que :

$$V_{p'}^2 \cos e' < V_{p}^2 \cos e. \qquad (f)$$

En effet, les angles e et e' varient avec β ; mais on a constamment :

$$V_{p'} \cos e' = V_{p} \cos e, \qquad (g)$$

attendu que ces deux valeurs ne sont autre chose que la projection de la vitesse V sur la génératrice.

Mais en même temps : $V' < V$, parce que les valeurs respectives de ces deux vitesses relatives sont par construction (fig. 3 et 4) :

$$\left. \begin{aligned} V_{p}^2 &= V^2 + \omega^2 r^2 + 2 V \omega r \sin . \beta, \\ V_{p'}^2 &= V^2 + \omega^2 r^2 - 2 V \omega r \sin . \beta, \\ V_{p}^2 - V_{p'}^2 &= 4 V \omega r \sin . \beta ; \end{aligned} \right\} \qquad (h)$$

d'où :

ce qui, rapproché de g, vérifie l'inégalité (f).

Et l'expression (e) doit s'écrire ainsi :

$$- A_2 . l . S . n . r (V_{p}^2 \cos e - V_{p'}^2 \cos e'). \qquad (i)$$

---

1. Dans la figure 4, les flancs d'ailettes sont représentés en pointillés, parce que la position de ces parties derrière le corps d'obus les rend invisibles.

49... On aura sans doute déjà remarqué qu'il n'est pas tenu compte ici d'un élément important, qui est le degré d'incidence des forces AV_r^2 et AV_c^2, avec les flancs d'ailettes contre lesquels ces résistances s'exercent.

Cet élément est d'autant plus intéressant cependant que l'incidence n'est pas la même pour les deux forces qui interviennent; car V_r fait généralement avec son flanc un angle plus aigu que V_c avec le sien. Il est facile de voir qu'il n'en résulte, pour la différence des moments, qu'un *supplément* de valeur dont l'expression (i) ne rend pas compte.

On verra plus loin que, si je n'ai pas abordé ces questions d'incidence dans mon analyse très-élémentaire, j'en ai fait grand cas dans l'application pratique qui est mon but, et qu'une large part y est réservée à la réglementation du mode d'attaque de l'air contre les flancs d'ailettes.

50... Revenons à l'expression (i).

Ce moment peut, en substituant aux vitesses relatives leurs valeurs tirées des équations (h), s'exprimer en fonction des vitesses de translation et de rotation.

Mais ces calculs ne sont pas nécessaires pour tirer de l'expression (i) les conclusions suivantes, qui suffisent à mon objet et que n'infirment en rien les réserves du n° 49 :

51... *Sur les deux zones superficielles symétriquement placées dans les angles dièdres P et P', de chaque côté du plan azimutal, les résistances de l'air contre les flancs d'ailettes fournissent un appoint au couple négatif de nutation. Cet appoint est directement proportionnel à la longueur, au nombre et à la saillie des ailettes; il augmente avec l'angle β, et croît selon une fonction du troisième degré des vitesses de translation et de rotation, fonction croissante avec les deux variables.*

§ 4. — SECOND APPOINT AU COUPLE NÉGATIF DE NUTATION DANS LES ZONES SUPERFICIELLES ANTÉRIEURES ET POSTÉRIEURES DU PROJECTILE.

52... Il faut maintenant étendre notre examen aux deux autres zones complétant la surface cylindrique du projectile, et qui se trouvent dans les deux angles dièdres Q et Q' de la figure 2, aux approches des deux traces du plan azimutal sur le corps d'obus.

53... Pour ce qui est de la zone supérieure, celle de l'angle dièdre Q, il est à remarquer que toute cette partie du corps cylindrique se trouve masquée de l'action de l'air aussitôt que l'angle β prend une certaine valeur. Effectivement, dès que le projectile incline notablement son axe de figure sur l'élément actuel de la trajectoire, la partie postérieure de sa surface ne rencontre plus directement l'air, et elle se meut dans une région de remous dont les phénomènes sont trop obscurs pour être analysés même grossièrement. On peut toutefois observer que, dans cette région, vu la moindre densité du milieu, les résistances du genre de celles qu'il s'agit d'évaluer ne peuvent qu'être de moins en moins significatives, à mesure qu'on s'approche de la génératrice qui forme la trace du plan azimutal.

Je négligerai donc, faute de moyens d'évaluation, l'appoint au couple de nutation, qui peut se produire dans la zone qui forme constamment la partie postérieure du projectile dans sa course sur la trajectoire.

54... Mais il ne saurait en être de même de la zone opposée, comprise dans l'angle dièdre Q' (fig. 2). Elle forme, au contraire, la partie antérieure du projectile, aussitôt que l'angle β prend quelque valeur et se présente plus franchement que tout le reste du corps cylindrique à la rencontre de l'air.

55... En se reportant à la construction des vitesses V_r et V'_r, fig. 3 et 4, on remarquera que l'excédant $V_r - V'_r$, pour deux points symétriques par rapport à la trace NR du plan azimutal sur le projectile, irait sans cesse en diminuant à mesure que les deux points se rapprocheraient de cette trace. L'excédant devient nul sur la trace même où les deux points ne sauraient présenter que la même vitesse relative.

Or, en même temps que l'excédant $V_r - V'_r$ diminue, le bras de levier qui intervient dans le moment afférent aux mêmes points tend aussi vers n. On voit donc que l'appoint, fourni de ce fait au couple de nutation dans la région Q', est de moins en moins important. Je le néglige, me contentant de noter que la formule (7), limitée aux zones P et P', pèche par défaut et ne donne pas tout le moment négatif dû aux *différences* dans les résistances de l'air, contre les flancs d'ailettes, à droite et à gauche du plan azimutal.

56... Mais en dehors de l'action de l'air, *par différence* contre les flancs d'ailettes, il en est une autre dans la région Q' (fig. 2) qui produit un moment négatif important : c'est l'action directe de l'air contre toutes les ailettes qui traversent cette région.

Pour l'évaluer, soit, figure 5, la projection d'un obus sur un plan normal au plan azimutal, de telle sorte que la figure montre la partie du corps cylindrique projetée selon la moitié inférieure de la figure 2.

CC est la trace du plan azimutal. Cette droite contient le point G où se projettent à la fois le centre de gravité et l'axe du couple de nutation.

Soit le flanc de chargement AA d'une des ailettes considérée à l'instant où le milieu N de la longueur l du flanc franchit le plan azimutal, par suite du mouvement de rotation dont les flèches ω indiquent le sens.

Construisons au point O quelconque du flanc la vitesse relative V_r au moyen de $-\omega r$ et de $-V\cos\beta$, cette dernière quantité, représentant la vitesse relative de l'air, abstraction faite du mouvement de rotation. Cette vitesse, étant toujours parallèle au plan azimutal, est, cette fois, placée sur une génératrice parallèle à la trace CC.

On voit, par les résultats de la construction et la direction qu'elle donne pour la vitesse relative V_r, que le flanc de tir BB est masqué de la rencontre de l'air, et que le flanc de chargement AA éprouve de la part de celui-ci, en chacun de ses points, une résistance qui, par unité de surface, est de la forme :

$$A V_r^2 ;$$

et qui, pour la totalité du flanc de longeur l et de saillie S, a pour expression :

$$A V_r^2 \, l.S$$

Cette force appliquée en N, milieu de la longueur du flanc, et dirigée selon une parallèle à V_r, a pour moment, relativement à l'axe du couple de nutation projeté en G :

$$- A V_r^2 \, l.S.GP ;$$

ou à cause des triangles rectangles semblables :

$$- A V_r^2 \, l.S. \frac{\omega r}{V_r}.\partial = - A V_r^2 \, l.S.\omega r.\partial ; \qquad (j)$$

en appelant ∂ la distance qui sépare le centre de gravité de la section équatoriale, placée au milieu de la longueur du corps, garnie d'ailettes.

Ce moment est un appoint au couple *négatif* de nutation, car son sens, donné par les flèches b (fig. 3), est inverse de celui de $\omega'''dt$ (fig. 1).

57... Au lieu de considérer le seul flanc AA, considérons à la fois tous les flancs qui, au même instant, occupent la région limitée par les deux génératrices DD D'D', entre lesquelles les hélices des flancs se projettent sensiblement, selon les droites parallèles à AA. La région, ainsi définie, correspond à l'ouverture de l'angle dièdre Q' de la figure 2.

Soient, dans cette région, les portions de flancs de chargement A'A' et A"A", égales de longueur, et appartenant à deux ailettes voisines de la première.

Il est clair, d'après la figure, que ces deux portions fourniront chacune un moment de nutation, l'un négatif, l'autre positif, ayant respectivement pour valeur :

$$- A V_r^2 \, l'S \, (a + GP) \ldots\ldots \text{ et } + A V_r^2 \, l'S \, (a - GP).$$

La différence, ou l'excédant du moment négatif, est donc :

$$- 2 A V^2 l'S \frac{\omega r \delta}{V} = - A V^2 l'S . \omega r \delta,$$

qui, ajouté à l'expression (j), donne :

$$- A V^2 S . \omega r \delta (l + 2 l'),$$

ou, en raisonnant comme au numéro 42 :

$$- A_1 V^2 S . \omega r . \delta u . l, \qquad (k)$$

valeur qui s'exprimerait facilement en fonction des vitesses de rotation et de translation, en substituant à V^2 sa valeur (fig. 5) :

$$V^2 \cos^2 \beta + \omega^2 r^2.$$

58... Il se présente ici une observation analogue à celle du n° 55. Je m'en suis tenu, pour simplifier, à la zone comprise entre les génératrices DD'D'D', autrement dit dans l'angle dièdre Q' de la figure 2. Il faudrait, en réalité, considérer au même point de vue toutes les parties de la surface qui, même en dehors de ces génératrices, se trouvent rencontrer l'air.

Mais les évaluations se compliquent alors de l'incidence très-variable de l'air contre les flancs d'ailettes, et ne recherchant pas une analyse complète, je me contente de noter ici encore que la formule (k) rend compte de la plus importante partie du nouvel appoint au couple de nutation, et pèche simplement par défaut.

59... Il est indispensable d'observer cependant que les abords de l'autre trace du plan azimutal sur le projectile, c'est-à-dire la zone superficielle comprise dans l'angle dièdre Q de la figure 2, donneraient sans doute aussi un moment, en leur appliquant les mêmes considérations, et que ce moment serait positif. Toutefois, comme je l'ai fait remarquer déjà, la zone en question se trouve masquée de l'action de l'air, et baigne dans des remous où les phénomènes de densité sont trop peu définis pour être abordés par l'investigation.

Mais il est bien certain que, quelles que soient ces réactions et le moment positif qui en résulte, elles ne sauraient empêcher, vu la moindre densité de leur milieu, la prédominance dans le sens négatif du moment (k).

60... Si l'angle β devenait nul, les choses changeraient naturellement. La vitesse de translation devenant parallèle à l'axe de figure, tout se passerait alors dans la zone Q, absolument comme dans la zone Q'. Ces deux parties du corps cylindrique seraient attaquées ou plutôt léchées

par l'air de la même façon. Il n'y aurait de différence que dans les signes
des moments qui seraient contraires de part et d'autre; de sorte que,
dans ce cas, le moment total serait nul. Il est important de noter cette
remarque, qu'on ne saurait naturellement dégager de la formule incom-
plète (*k*).

§ 5. — VALEUR TOTALE DU COUPLE NÉGATIF DE NUTATION.
— SON INTERPRÉTATION.

61... En réunissant les deux valeurs (*i*) (page 27) et (*k*) (page 31), on aurait, avec l'approximation que comportent ces expressions, le moment
total du couple de nutation fourni par la résistance de l'air sur toute
l'étendue du projectile.

Il est inutile, à mon objet, de transcrire la formule d'ensemble. Je fe-
rai seulement remarquer que l'expression *k*, relative aux zones Q et Q'
de la figure 2, se traduit en langage ordinaire par un énoncé identique
de tous points à celui du n° 51, relatif aux zones P et P'[1]. Cet énoncé est
donc applicable à toute la surface, et on aboutit en fin de compte à
ceci :

62... *Sur toute la surface du projectile, les résistances de l'air contre les
flancs d'ailettes fournissent un couple négatif de nutation, et le moment de ce
couple est directement proportionnel à la longueur, à la saillie et au nombre
des ailettes. Il augmente avec l'angle* β, *et croît selon une fonction du troisième
degré des vitesses de rotation et de translation, fonction croissante avec les
deux variables.*

De là résultent les indications les plus nettes au point de vue du tracé
des projectiles et des diverses conditions du tir.

63... Pour que le moment négatif de nutation soit le plus grand possible, c'est-à-dire, en définitive, pour que l'angle de l'axe de figure,
avec la tangente à la trajectoire, soit, le plus vite possible, ramené à 0
quand il se produit, il faut :

1° Une grande longueur de projectile ;

2° Des ailettes *continues*, en grand nombre, ayant une forte saillie ;

3° Une grande vitesse de rotation ;

4° Une grande vitesse initiale de translation.

---

1. L'identité d'énoncé ne serait pas vraie en ce qui concerne l'influence de l'angle β :
mais la formule K est inexacte pour ce qui est de cet angle, et les observations rectificatives
des numéros 60 et 61 rétablissent l'identité.

64... Quant à l'influence de l'angle β, elle ne ressort ni explicitement ni exactement des formules posées plus haut, du moins de la formule (k), j'en ai dit les raisons (60). Mais en se reportant à cette explication, on reconnaîtra que, pour $\beta = o$, la valeur du moment devient nulle, aussi bien pour la formule (k) que pour la formule (i), et qu'elle croît réellement sans cesse avec cet angle.

Ainsi, à mesure que l'axe de figure s'écarte de la tangente, l'énergie du couple, qui tend à l'y ramener, va croissant, et il n'y a pas à craindre d'en venir à développer jusqu'à un excès nuisible, c'est-à-dire jusqu'à provoquer la naissance d'un angle β négatif, les différents facteurs constituant la valeur du couple, puisque cette valeur redevient nulle de toute façon, lorsque β est réduit à rien, autrement dit lorsque le but est rempli[1].

Il ne faudrait pas, d'ailleurs, redouter comme un inconvénient la persistance, même pour $\beta = o$, d'un certain moment négatif de nutation propre à corriger les tendances d'accroissement de cet angle dans le sens positif, car ces tendances persistent de leur côté constamment, que l'angle soit nul ou non, puisqu'elles sont le fait de l'abaissement incessant de la trajectoire (30).

---

1. Voir à ce sujet les réserves du numéro 86, page 44.

CHAPITRE V.

Rapprochement entre les déductions précédentes et les errements actuels de l'artillerie.

§ 1. — DÉSACCORD ENTRE LES TENDANCES DE L'ARTILLERIE RAYÉE ET LE PROGRAMME DÉDUIT DE LA CONSIDÉRATION DU COUPLE DE NUTATION.

65... Jusqu'à quel point les indications auxquelles nous sommes parvenus sont-elles en harmonie avec ce que pratique généralement l'artillerie perfectionnée du jour?

Je limiterai la comparaison à l'artillerie de campagne qui, en raison du poids plus faible de ses projectiles, présente à l'air des surfaces plus grandes, relativement aux masses en mouvement, et donne par suite plus d'importance aux résistances de l'air, dont il s'agit, en somme, de réglementer et de réduire les effets.

66... Dans les pièces de 4, 8 et 12 françaises, se chargeant par la bouche, le projectile est très-court; les saillies sont limitées, comme à dessein, à de simples tétons localisés, et dont le point moyen se trouve plutôt en arrière qu'en avant du centre de gravité, de sorte que δ de la formule (4) serait plutôt négatif, si cette quantité pouvait avoir quelque signification dans des conditions pareilles; enfin le pas d'hélice est long et la vitesse initiale faible. C'est de tous points l'inverse du programme.

67... Dans les pièces étrangères, se chargeant par la culasse et à projectiles forcés, ceux-ci sont généralement plus longs, mais atteignent à peine deux calibres et demi. Les ailettes sont nombreuses[1], mais de saillie très-faible, limitée qu'elle est à ce que peut remplir le plomb par forcement. Le pas est très-long et la vitesse initiale plus grande que dans les pièces françaises, mais restreinte encore. C'est donc aussi à peu près une contre-partie des indications du n° 63.

68... Le nouveau projectile de 7 français n'atteint lui-même en longueur que 2 calibres 5/6, et sa vitesse de rotation n'est que peu supérieure à celle des obus étrangers. Quant au relief des saillies, il est toujours li-

---

1. Elles le sont même trop au point de vue qui nous occupe, car elles doivent arriver à se masquer mutuellement pour ce qui est de l'action de l'air.

mité à ce que comporte le forcement d'une enveloppe de plomb. C'est seulement par la vitesse initiale plus grande que cet exemple se rapproche de notre programme.

Il semble donc que, de toutes parts, on a constamment négligé ce qui pourrait contribuer à maintenir l'axe de figure sur la trajectoire par le moyen du couple de nutation.

69... Ce serait à douter de l'efficacité d'un moyen théorique qui aurait échappé de la sorte aux tâtonnements expérimentaux sans nombre de toutes les artilleries d'Europe, s'il ne se trouvait un exemple très-connu, qui est comme fait, par ses particularités même, pour justifier de tous points l'importance capitale de la nutation. Je veux parler du canon Whitworth, dont il faut faire ici un examen spécial.

§ 2. — LE WHITWORTH RENTRE COMPLÉTEMENT DANS LE PROGRAMME DÉDUIT DE LA CONSIDÉRATION DU COUPLE DE NUTATION.

70... Le projectile Whitworth est le seul, je crois, des projectiles pratiques qui, jusqu'à présent, ait atteint de magnifiques portées, avec la plus grande précision, malgré des *calibres extrêmement réduits*. On ne peut lui refuser cette originalité frappante, qui s'accentue encore par une dérivation très-faible.

Or, si on cherche dans le projectile Whitworth les caractères tranchés qui peuvent être liés à ces remarquables résultats, on trouve :

71... Un pas d'hélice extrêmement court, c'est-à-dire un mouvement giratoire particulièrement violent ;

Des lignes d'ailettes *continues* assez saillantes pour constituer une section de projectile polygonale ;

Une vitesse initiale considérable ;

Une longueur de projectile franchement supérieure à celle de tous les autres systèmes d'artillerie.

Il serait difficile de trouver une traduction plus littérale de nos conclusions ci-dessus et un parti pris plus accusé, bien qu'innocent peut-être, d'accentuer le couple négatif de nutation.

72.. Si donc on était tenté de soupçonner aux coefficients non déterminés des formules (i) et (k) une valeur trop faible pour laisser une signification pratique à l'ensemble des expressions, l'exemple du projectile Whitworth enlèverait sa raison d'être à cette supposition.

73... En fin de compte, et en raison de la sanction de cet exemple, ne faut-il pas en venir à reconnaître que les projectiles de l'artillerie de campagne non-seulement ne sont pas en général assez longs, et n'ont pas assez de vitesse initiale, mais encore et surtout qu'ils ne tournent pas assez rapidement sur eux-mêmes et sont trop unis de surface? N'est-il pas naturel d'appeler l'attention sur la convenance qu'auraient peut-être des essais nouveaux, rompant franchement avec ces allures, et poursuivant l'ordre d'idées tout autre dont le Whitworth se trouve être une première révélation expérimentale parfaitement d'accord, on vient de le voir, avec les indications théoriques découlant de l'étude du couple de nutation ?

Ces essais devraient faire intervenir à la fois un tir à grande charge, une rotation très-rapide et des saillies ailettes continues de haut relief. Il faut, en outre, chercher à disposer celles-ci pour exalter, autant que possible, bien plus que dans le Whitworth, les divers facteurs des formules (i) et (k) sur lesquels on peut avoir quelque action par le tracé du projectile.

On va voir, dans le chapitre suivant, que cette action ne laisse pas que d'être importante et semble promettre de sérieux perfectionnements du Whitworth.

CHAPITRE VI.

Programme d'une artillerie divisionnaire déduit des considérations précédentes.

§ 4. — TRACÉ DES AILETTES.

74... J'ai [voulu surtout, par l'exemple du Whitworth, invoquer une sanction précieuse de la direction de mes recherches, fondées sur l'étude de la rencontre de l'air avec la surface du projectile. Je vais maintenant poursuivre la même voie et essayer de lui demander le programme détaillé d'un projectile ne participant pas seulement aux avantages du Whitworth, mais les développant jusqu'à la limite de ce qu'admettent les exigences matérielles de la question avec lesquelles il y a toujours tant à compter en artillerie.

Reprenons pour cela notre étude des paragraphes 3 et 4 du chapitre précédent, concernant le mode d'attaque de l'air contre les flancs d'ailettes.

75.... On a vu (fig. 3 et 4), en comparant ce qui se passe sur les zones du corps cylindrique, placées symétriquement à droite et à gauche du plan azimutal, dans les angles dièdres P et P' de la figure 2, que, d'après la direction de la vitesse relative V_r, c'était le flanc *de chargement* qui se trouvait attaqué dans la zone de droite P, tandis que le flanc de tir était masqué ; et que, au contraire, dans la zone P', à la gauche du plan azimutal, c'était le flanc *de tir* qui rencontrait l'air, tandis que le flanc de chargement en était masqué à son tour.

Lorsque les deux flancs de tir et de chargement sont également inclinés sur le corps d'obus, et qu'ils se présentent de la même manière comme poli des surfaces, le moment de nutation ne résulte, pour les deux zones considérées, que de l'excès de la vitesse de droite V_r sur la vitesse de gauche V'_r, et aussi de l'incidence moins aiguë de la première contre son flanc (49).

C'est ainsi que les choses se passent dans le projectile Whitworth, où les deux flancs de tir et de chargement ne sont autre chose, en section, que les deux côtés adjacents d'un polygone régulier.

76... Mais si on dispose le flanc de chargement de manière à développer, autant que possible, la résistance de l'air contre ce flanc, sans rien faire de semblable au flanc de tir, on voit de suite le résultat.

Qu'on donne, par exemple, au flanc de chargement le tracé en crémaillère, représenté dans la figure 6, et l'attaque de l'air qui se fait, selon une parallèle à V_r, au lieu de rencontrer une surface contre laquelle son incidence, toujours assez aiguë, lui donne peu de prise, éprouve relativement un véritable obstacle. Il n'est pas nécessaire d'insister sur l'énergie particulière que va prendre de ce fait le premier appoint au couple de nutation étudié dans le paragraphe 3 du chapitre IV, et résumé dans la formule (i) et l'énoncé du n° 51.

77... On l'assurera mieux encore en donnant d'une part au flanc de tir une certaine inclinaison sur la normale au corps d'obus[1], ce qui le dérobera davantage au choc de l'air, et, d'autre part, au flanc de chargement une direction normale au corps d'obus. La figure 6, avec la coupe qui l'accompagne, rend bien compte de cette disposition.

78... Allons plus loin et recherchons les résultats que donne la construction de la vitesse relative (fig. 3 et 4), lorsqu'on la répète à des époques différentes du parcours de la trajectoire.

D'abord, au départ, V n'est autre que la vitesse initiale V_o, et se trouve dirigée, selon la génératrice, au point O. ωr est également la vitesse initiale de rotation des ailettes, de sorte qu'en construisant le triangle OFI, on ne fait en définitive que répéter l'épure qui donnerait le tracé du flanc hélicoïdal d'ailette au point O. V_r et V'_r coïncideront donc en direction avec les flancs de chargement et de tir.

Ainsi, au commencement du trajet, l'action de l'air contre les flancs, soit de tir, soit de chargement, est nulle. C'était visible *à priori*, et on peut remarquer que cela explique comment la vitesse de rotation, quoique bien moindre, tend à se conserver bien mieux que la vitesse de translation qui, dès la sortie de l'âme, se trouve altérée de front par la résistance de l'air.

79... Au bout d'un certain parcours, un certain angle β a pris naissance, et la vitesse V devient inférieure à la vitesse initiale.

Répétons (fig. 7) la construction des figures 3 et 4, enl'appliquant à un point O qui soit à la fois la projection d'un point de flanc de chargement, à droite du plan azimutal et d'un point de flanc de tir, son symétrique dans la zone de gauche.

On voit, d'après cette construction, qu'à mesure que V décroît, l'angle

---

1. Cette inclinaison a de grandes convenances au point de vue du tir. On sait qu'elle est indispensable au centrage des projectiles non forcés.

de V_r, avec son flanc d'attaque, qui est un flanc de chargement, devient plus grand que celui de V'_r, avec son flanc qui est un flanc de tir. Pour un certain angle β, suffisamment petit, il arrivera que l'angle de V'_r, avec son flanc, deviendra nul, et même que la direction de V'_r deviendra extérieure à l'ailette, ce qui signifie qu'alors, dans la région à gauche du plan azimutal, ce seront les flancs de chargement et non ceux de tir qui subiront la rencontre de l'air.

Voici donc un cas où, de côté et d'autre du plan azimutal, les flancs de chargement recevront à la fois le choc de l'air; de sorte que, tant que l'angle β n'aura pas une certaine ouverture, on perdrait le bénéfice du supplément de résistance attribué au flanc de chargement par les dispositions de la figure 6.

80... Mais il est facile de vérifier que cet état de choses correspond à une période limitée, et ne peut subsister que pour un angle β assez petit.

Pour cela, évaluons la grandeur de cet angle, pour laquelle la vitesse relative V'_r arrive à se confondre en direction avec son flanc d'ailette.

Soit CO (fig. 8) la génératrice passant par le point O d'un flanc d'ailette. Construisons sur $OX = V_a$, et sur XU, perpendiculaire à CO et égale à ωr, la projection OU du flanc hélicoïdal passant en O. Cette projection fait, avec la génératrice, l'angle d'hélice ε.

Par le point X, menons une parallèle XE à cette projection, et sur O comme centre, décrivons un arc de circonférence de rayon V, coupant la parallèle en F.

OF représentera $- V$, et O I représentera V'_r, se confondant en direction avec le flanc B B.

Dans ces conditions :

$$\sin \beta = \frac{FA}{V}.$$

Comme d'ailleurs :

$$tg\,\varepsilon = \frac{\omega r}{V_a} = \frac{AI}{OA} = \frac{AI}{V};$$

en prenant pour V sa projection OA, ce qui, vu la petitesse de β, n'entraîne qu'une erreur admissible dans cette évaluation approchée.

Ajoutant, il vient :

$$\sin \beta + tg\,\varepsilon = \frac{FA + AI}{V} = \frac{\omega r}{V}.$$

ou :

$$\sin \beta = \omega r \left(\frac{1}{V} - \frac{1}{V_a} \right).$$

En appliquant cette expression au projectile Whitworth de 12, parvenu à la distance déjà grande de 2,500 mètres, on trouve :

$$V_o = 370^m, \quad V = 235^m, \quad \omega r = 57^m, \quad \sin \beta = 0,088,$$

d'où :
$$\beta = 5°.$$

On voit par là que, même dans un cas où ω est considérable, il ne se trouve, à la fin d'une bonne portée, qu'une valeur restreinte de β, en deçà de laquelle les flancs de tir des ailettes, à la gauche du plan azimutal, se trouvent désintéressés de l'attaque de l'air.

Ainsi, dans la généralité des cas, pour peu que l'axe de figure prenne une inclinaison notable sur la tangente à la trajectoire, les dispositions de la figure 6 interviennent utilement. C'est surtout vrai tant que V ne diffère pas beaucoup de V_o. Et il ne faut pas oublier d'ailleurs, que, quoi qu'il arrive, ces dispositions ont constamment leur plein effet, pour ce qui est des autres régions de la surface du projectile.

81... A propos de ces questions d'incidence entre les réactions de l'air et leurs flancs respectifs, une remarque importante est à faire. C'est que, toutes choses égales d'ailleurs, plus la vitesse de rotation est grande et plus devient aiguë l'incidence de V_o avec le plan de tir, tandis que plus s'ouvre au contraire l'angle de V_o avec le flanc de chargement.

On peut s'en assurer à l'inspection de la figure 7 *bis*, qui n'est qu'une répétition de l'épure de la figure 7, à échelle double, et pour deux vitesses de rotation différentes. Une première construction, en traits pleins, donne les incidences α et α' pour une vitesse de rotation ωr, et une seconde, en traits pointillés, fournit les incidences α_1 et α'_1, pour une autre vitesse $\omega_1 r$, plus grande que la première[1]. Or α_1 est plus grand que α, tandis que α'_1 est plus petit que α_1.

Il ressort de là une utilité spéciale de l'accroissement de la vitesse du mouvement giratoire au point de vue de la valeur du couple négatif de nutation. J'y insiste, parce que cet enseignement s'ajoute à ceux, dans le même sens, des expressions (*i*) et (*k*) où les influences des incidences α et α' sont négligées (19).

82... Il faut vérifier l'effet de la disposition en crémaillère des flancs de chargement, pour ce qui est de la zone déterminée par l'angle dièdre Q' de la figure 2, c'est-à-dire dans la région du corps cylindrique qui fournit la plus directe attaque de l'air.

---

1. Dans ces questions complexes, il serait difficile de tenir compte de tout. C'est ainsi que, dans mes diverses épures de construction, j'ai toujours conservé à la vitesse ω sa valeur initiale. Mais cette inexactitude ne change pas les conclusions. On sait, d'ailleurs, que ω diminue peu, en fait, durant le trajet. Cependant les dispositions proposées auraient pour effet de développer sa décroissance.

Or il n'y a qu'à se reporter à la figure 5 pour reconnaître la convenance de cette disposition à ce nouveau point de vue. Ici, en effet, ce sont uniquement et toujours les flancs de chargement qui rencontrent l'air, et tout ce qui peut être ajouté à l'efficacité de cette rencontre est autant de gagné directement pour l'accroissement du couple négatif de nutation.

Observons en passant que dans cette région du projectile tout accroissement de la vitesse de rotation a pour effet d'augmenter l'incidence de la rencontre de l'air avec les flancs de chargement. La remarque du n° 81 s'étend donc à toute la surface du projectile. Je souligne ce point, parce que les expressions (i) et (k) ne rendent pas compte de cette importance spéciale de l'intensité du mouvement giratoire.

83... Il se présente, pour la région Q' de la figure 2, une indication nouvelle intéressante qui est l'accroissement possible du facteur δ de la formule (k) (page 31), c'est-à-dire de la distance qui sépare le centre de gravité du projectile de la section transversale contenant les milieux des longueurs d'ailettes.

Cette section peut facilement se repousser vers l'avant du projectile en allongeant les ailettes du côté de la pointe, comme le montre la figure 9[1], qui représente une ailette A A, vue de face, et une autre B B qui est supposée rectifiée le long d'une génératrice et vue par son flanc de chargement. La quantité δ se trouverait ainsi notablement augmentée.

84... C'est ici l'occasion de remarquer qu'il est avantageux pour l'accroissement de δ d'équilibrer le projectile de manière à reculer vers l'arrière son centre de gravité. Mais cette disposition présente à d'autres point de vue des conséquences dont il y a grandement à tenir compte : ce n'est pas seulement δ qu'elle augmente; c'est en général le bras de levier de la résistance de l'air et par suite le couple nodal a'' aussi bien que le couple de nutation. Il en résultera donc, d'après l'équation (1) (page 17) une plus grande vitesse dans le mouvement conique de l'axe de figure. Je n'en vois pas l'inconvénient.

85... La figure 9 montre des encoches a'. a'' au talon des ailettes qui interrompent leur saillie. Les vides ainsi formés sembleraient avoir pour effet de repousser encore vers l'avant le point milieu de la longueur utile des ailettes; mais je crois qu'il n'y faut compter qu'en partie, car

1. On a proposé, en vue précisément de créer un couple de nutation négatif, d'armer *la pointe seule* de saillies hélicoïdales. Mais il me semble que, reporté ainsi exclusivement dans une région où la vitesse de rotation est faible, l'artifice doit perdre de son effet, et de plus, l'appoint (i) (page 27) ne saurait présenter, en ce cas, qu'une valeur insignifiante à cause de la petitesse du bras de levier qui s'ajoute encore à la réduction de la vitesse de rotation.

ces vides sont de nature plutôt à modifier qu'à atténuer l'action de l'air contre cette partie des flancs. Mon but essentiel, en les proposant, est de donner naissance aux petits plans projetés en $a'a'$, $a''a''$ qui fonctionnent comme des fractions de *cannelures*.

Les cannelures au talon des projectiles sont, je crois, pratiquées couramment par certaines artilleries étrangères comme moyen précisément de maintenir l'axe de figure sur la trajectoire. Leur véritable mode d'action dans ce sens repose, non pas comme on le croyait en principe, sur un supplément de résistance à l'arrière analogue à l'effet de la queue des fusées (cet effet ne se produirait que si le projectile ne tournait pas sur lui-même); mais bien sur la différence entre les vitesses V_r et V'_r que révèlent les constructions des figures 3, 4 et 7, et d'où résulte un moment analogue au moment (i) de la page 27, c'est-à-dire un appoint au couple négatif de nutation.

Les encoches $a'a''$, formant des fractions de cannelures, n'agiraient donc pas autrement, en définitive, que les dents de crémaillère pratiquées sur les flancs de chargement. Seront-elles plus efficaces? C'est à l'expérience à prononcer et à dire s'il les faut multiplier.

86... Il a été expliqué au n° 64 que le moment du couple de nutation devenait nul, lorsque se réduisait à rien l'angle de l'axe de figure et de la tangente à la trajectoire. Ceci n'est plus exact avec les accidents de formes donnés aux flancs de chargement : un certain moment négatif persistera pour $\beta = o$ par suite de la prédominance des résistances contre ces flancs. Mais il a été reconnu aussi que cette persistance du moment négatif était sans inconvénient dans une certaine mesure, sur laquelle c'est encore à l'expérience à prononcer.

87... Pour résumer ce paragraphe: j'arrive, comme conclusion pratique, à proposer un projectile armé d'une série d'ailettes, formant sur sa surface des saillies hélicoïdales continues, dont les flancs de tir seraient fortement inclinés sur la normale au corps d'obus et dont les flancs de chargement seraient, au contraire, normaux à ce corps. Les flancs de chargement présenteraient en outre, au lieu d'une surface hélicoïdale unie, une suite de redans en crémaillère, avec des encoches vers le talon du projectile ; le tout conforme aux indications de la figure 9.

§ 2. — EXAMEN DE LA SOLUTION PROPOSÉE A UN POINT DE VUE PLUS GÉNÉRAL DU TIR.

88... Je rappelle qu'en dehors de ces particularités de forme extérieure du projectile, une grande vitesse initiale de translation, un très-rapide mouvement giratoire et une grande longueur du projectile sont aussi des éléments essentiels du programme.

Il convient d'examiner les conséquences de l'ensemble de ces conditions à un point de vue plus général du tir.

89... En ce qui concerne d'abord l'allongement du projectile, il ne présente de toute façon que des avantages; puisqu'à masse égale, c'est-à-dire pour une même puissance vive, on n'offrira ainsi à la résistance de l'air qu'une section de plus en plus faible, si toutefois, et c'est le but auquel on tend, on arrive à maintenir la plus grande longueur en coïncidence avec la direction du trajet.

Il n'y aura donc, pour la longueur du projectile, que les limites matérielles imposées par la convenance de ne pas trop allonger les charges en réduisant le calibre; et par la nécessité d'un éclatement efficace qui ne s'accommoderait pas d'une disposition trop en longueur.

90... La forte saillie et la longueur des ailettes, ainsi que les redans ou encoches dont on hérisse leur surface, ne se justifient pas de la même façon au premier abord. Il semble en devoir résulter, avec l'accroissement des résistances de l'air, celui des déperditions parasites du travail de la poudre. Mais ces apparences ne tiennent pas devant l'examen.

Les résistances qui se développent sur les flancs d'ailettes peuvent se décomposer en longitudinales au projectile et en tangentielles à la rotation. Les premières seules font naître des forces négatives de translation; les secondes ne font que ralentir plus ou moins le mouvement giratoire.

Mais cette influence des premières se limite, en définitive, à celle que pourrait avoir un anneau de même saillie entourant transversalement le projectile; or, si réellement la présence d'un pareil appendice peut contribuer à maintenir l'axe de figure près de la tangente, il évite par là le développement bien autrement grand de surface résistante qui se produit quand le projectile se présente obliquement à l'attaque de l'air. C'est donc un sacrifice bien placé, et cela est si vrai que certaines artilleries emploient dans ce seul but des cannelures saillantes annulaires comme artifices de direction des projectiles (85) et sans leur attribuer aucun rôle d'ailettes.

On objectera peut-être que les résultats avantageux des saillies ne naissent que vers la fin du trajet, alors que s'ouvre plus sensiblement l'angle de l'axe de figure avec la tangente; tandis que leur résistance propre surgit dès l'origine du mouvement, alors qu'aucun effet correcteur n'en doit être attendu.

A cela je réponds que dans cette période initiale, durant laquelle effectivement les saillies-ailettes continues n'ont qu'un rôle nuisible, elles sont bien loin de présenter une surface résistante aussi développée que dans la suite du trajet, quand leur fonction devient utile. J'ai rappelé au n° 78, page 40, qu'au départ l'air ne rencontre pas les flancs d'ailettes et ne fait que les lécher, c'est donc seulement par leur tête amont que les ailettes subissent en cet instant le choc du milieu [1], tandis que plus tard, lorsque la vitesse de translation décroît et que l'angle β prend naissance, ce sont les flancs dans tout leur développement qui déplacent l'air. C'est dans ce cas seulement qu'on peut assimiler la résistance de l'ensemble des ailettes à celle d'un anneau équatorial.

L'objection indiquerait donc simplement la convenance de disposer les têtes amont d'ailettes comme des sortes de *proues*, attaquant le milieu dans de bonnes conditions nautiques. C'est ce que j'ai cherché à faire.

91... Quant à la rapidité du mouvement rotatoire, il est certain qu'il n'y a pas lieu de la pousser au delà du nécessaire, car elle représente directement une partie du travail de la poudre et son excès serait une perte. Mais il faut s'entendre sur le nécessaire et ne pas le limiter seulement, soit à ce que demanderait le parallélisme de l'axe de figure dans l'espace, soit aux conditions de justesse dans le tir. La fonction utile de la rotation va au delà. On a vu combien peu l'orientation convenable de l'axe de figure était assurée par la seule tendance au parallélisme qui, considérée seule, devient au contraire un élément à combattre. C'est en donnant naissance aux forces résistantes contre les flancs d'ailettes étudiées ci-dessus, et par suite au couple négatif de nutation, que le mouvement giratoire révèlera son vrai complément d'utilité, comme il le fait déjà dans le projectile polygonal Whitworth. Ramener l'axe de figure près de la tangente devenant ainsi le but, tout ce qui sera donné d'intensité à la rotation pour le bien remplir doit être tenu pour hautement justifié.

En d'autres termes, le projectile doit être regardé comme emportant avec lui dans son mouvement giratoire un réservoir, non-seulement de stabilité et de justesse, mais aussi de bonne orientation sur la trajectoire. Ce réservoir, il le faut dépenser durant le trajet en résistances qu'un bon tracé d'ailettes peut convertir en tuteurs constants de l'axe de figure. Un tel emprunt fait au travail de la poudre ne saurait se marchander. Sans doute c'est une certaine réduction pour la vitesse initiale de translation; mais n'est-ce pas un principe expérimental en artillerie rayée, que les effets de conservation de vitesse dominent bien vite les sacrifices même considérables en vitesse initiale?

92... Il est à noter que les grosses ailettes, à grand relief, à forte épaisseur, envisagées comme organes mécaniques pour transmettre au projectile, lors du départ dans l'âme, un violent mouvement giratoire, se

---

1. Elles sont en cela, dans des conditions certainement moins défavorables, que pour les projectiles ordinaires à ailettes, où celles-ci forment des protubérances isolées et sur plusieurs rangs.

trouvent des mieux placées pour la fatigue de cet emploi auquel ne sauraient pourvoir des gaines de plomb agissant par forcement. Celles-ci y suffiraient d'autant moins qu'il est une dernière condition à satisfaire, celle d'une grande vitesse initiale de translation.

Une grande vitesse initiale jointe à un pas très-court, c'est pour les ailettes au départ une somme de fatigue qui, à elle seule, commande impérieusement la constitution la plus robuste de ces organes. Il n'y a pas à penser à demander un pareil travail aux saillies embryonnaires qui naissent d'un forcement; et sous ce rapport les fortes lignes d'ailettes continues, auxquelles ont conduit nos déductions théoriques, s'harmonisent pour le mieux comme solution avec les nécessités matérielles du problème.

Tout se bornera en exécution à adopter une cote suffisante pour l'épaisseur b (fig. 9). C'est cette épaisseur qui réglera le nombre des ailettes pour chaque calibre.

§ 3. — AMOINDRISSEMENT ET MÊME SUPPRESSION PROBABLE DE LA DÉRIVATION.

93... La dérivation des projectiles d'armes rayées, c'est-à-dire leur tendance à dévier dans un sens déterminé hors du plan de tir, est en elle-même sans inconvénient capital, parce que sa loi est assez régulière pour que des dispositions de hausses assez simples suffisent à donner au plan de tir l'angle correcteur convenable avec la direction du but.

Cependant la dérivation est fâcheuse, ne serait-ce qu'en ce qu'elle donne une gravité de plus aux erreurs d'évaluation des distances pendant le tir. Il y a donc intérêt pratique à la réduire et à maintenir la trajectoire aussi près que possible d'une courbe plane située dans le plan de tir.

94... La dérivation des projectiles tournants a été l'objet des plus savants travaux, dont les conclusions ne paraissent pas malheureusement avoir toute la concordance qui constitue les solutions définitivement acquises.

L'opinion la plus généralement admise aujourd'hui paraît être celle qui relie directement la dérivation au mouvement conique de l'axe de figure du projectile autour du centre de gravité comme sommet et de la tangente comme axe de cône, mouvement dont la vitesse est réglée, ainsi que nous l'avons vu (21), par la valeur du couple nodal a''.

Voici très-succinctement comment s'établit la relation entre les deux mouvements.

95... Considérons, non plus comme nous l'avons fait jusqu'ici, les couples autour du centre de gravité qui résultent du transport fictif en ce point de la résistance de l'air, parallèlement à sa direction ; mais bien cette résistance elle-même ainsi transportée au centre de gravité ; et décomposons-la en trois composantes rectangulaires, dont une horizontale et perpendiculaire au plan de tir. C'est cette composante qui modifie dans le sens de la dérivation le mouvement du centre de gravité.

On reconnaît aisément que la résistance résultante étant toujours contenue dans le plan azimutal, ou du moins étant constamment entraînée par lui dans son mouvement autour de la tangente à la trajectoire (19), la composante horizontale ou de dérivation prendra des grandeurs variables et des directions opposées pendant les diverses phases du mouvement azimutal. Ainsi elle passera par zéro à toutes les demi-révolutions et changera de signe au moment où le plan azimutal se trouvera dans le plan de tir.

Dans le cas d'un projectile tournant sur lui-même dans le sens des flèches a des figures 2, 3, 4 et 5 et accomplissant son mouvement conique dans le même sens, la composante dérivatrice sera dirigée vers la droite du plan azimutal pendant la première demi-révolution conique, à partir de la position de ce plan qui coïncide avec le plan de tir ; elle passera à gauche pendant la seconde période de la même révolution.

Il en résulte que pendant une même révolution conique le centre de gravité est entraîné successivement vers la droite, puis vers la gauche du plan de tir.

96... Or, pendant la durée d'une révolution conique, la tangente à la trajectoire qui forme l'axe du cône va toujours en s'abaissant vers le sol. Par suite la première demi-révolution, pendant laquelle la pointe du projectile va aussi en s'abaissant, a plus de durée que la seconde, pendant laquelle la pointe du projectile remonte ; et il en est de même pour toutes les révolutions qui se succèdent. Cela entraîne une prédominance constante de l'action vers la droite de la composante dérivatrice, d'où finalement une dérivation à droite.

Par les mêmes raisons, si le mouvement conique se faisait dans le sens contraire, la dérivation, elle aussi, changerait de sens.

97... D'après cette théorie, qui paraît assez d'accord avec les faits, il faut, pour diminuer la dérivation, réduire l'excédant d'action que présente la composante dérivatrice durant les demi-révolutions coniques d'ordre impair. Or il y a pour cela deux moyens :

1° Diminuer la composante elle-même, ce qui aura lieu en réduisant l'angle β de la surface conique décrite par l'axe de figure. Si on arrivait, en effet, à faire cet angle nul, la composante horizontale de la résistance de l'air n'aurait plus constamment que la valeur qui résulte de la légère inclinaison de celle-ci sur le plan azimutal;

2° Tendre la trajectoire, afin que l'abaissement de la tangente vers le sol soit moins rapide et n'entraîne plus la même différence de durée entre les demi-révolutions coniques successives.

98... Mais diminuer l'angle β et tendre la trajectoire représentent précisément l'objet unique des dispositions nouvelles du projectile : c'est le moyen et le but; et il n'y a pas ici d'autre visée. Si donc les dispositions sont efficaces, elles doivent, du même coup et dans la mesure de leur efficacité, procurer l'amoindrissement de la dérivation. Elles doivent même, si leur objectif est atteint complétement, supprimer par le fait toute dérivation.

99... Ces prévisions trouvent une justification assez nette dans l'exemple du projectile Whitworth, qui présente la particularité d'une dérivation très-faible malgré une vitesse de rotation relativement très-développée. On sera peut-être frappé de cette nouvelle sanction expérimentale fournie d'avance aux idées qui ont inspiré mon travail [1].

§ 4. — CONSÉQUENCES POUR LE MODE DE CHARGEMENT.

100... Quel mode de chargement employer avec des projectiles du genre de ceux que j'ai décrits?

C'est, à première vue, l'exclusion du forcement, tel du moins qu'il se pratique aujourd'hui par gaine de plomb et chargement par la culasse [2]. Ce forcement est, en effet, essentiellement restrictif de deux éléments importants : le relief des ailettes et la petitesse du pas. Il ne peut donner, je le répète, que des ailettes à saillies insignifiantes, puisque le métal les doit fournir brusquement par forcement, et, en outre, il lui faut, pour que ces saillies ne s'arrachent pas dans le violent parcours de l'âme, une longueur de pas dont on a déjà éprouvé en pratique la limite inférieure. Il n'y aurait donc à espérer de ce mode de forcement aucun accroissement sérieux de la vitesse de rotation, ni aucune action développée de la résistance de l'air contre les flancs d'ailettes.

Il faut par conséquent en venir, ou à tirer avec vent comme dans le Whitworth, qui se charge par la bouche à projectile non forcé, ou à forcer autrement que par les moyens en usage.

1. Ceci a été écrit avant aucune expérimentation de mon obus à ailettes continues et de haut relief. Je puis maintenant aller plus loin et annoncer qu'un premier essai de tir, effectué en petit au polygone de Grenoble depuis que ce Mémoire est à l'impression, a réalisé la suppression *complète* de la dérivation.

2. On verra cependant, chapitre VII, § 10, que les choses peuvent se concilier.

101... Je vais, dans un chapitre spécial, en quittant les généralités pour une description précise, exposer une solution que je soumets instamment à l'examen des hommes spéciaux. J'ai cherché à satisfaire aux exigences multiples du grand problème de l'artillerie divisionnaire, soit celles qui le dominent de toute façon, soit celles dont je viens plus spécialement de poursuivre l'étude dans les chapitres précédents.

CHAPITRE VII.

Application à un projet d'artillerie divisionnaire.

§ 1. — POINT DE DÉPART DE CE PROJET.

102... Le canon Whitworth, par ses beaux éléments de tir pour des calibres très-réduits, a montré que les artifices de forcement, avec gaînes de plomb et tout l'attirail du chargement par la culasse, n'étaient nullement indispensables pour la justesse du tir et la tension des trajectoires, et qu'on pouvait atteindre aux mêmes fins par d'autres voies plus conformes aux conditions de simplicité si éminemment précieuses dans toute artillerie de campagne.

J'espère avoir montré que, par la considération très-élémentaire de l'action de l'air contre les flancs d'ailettes du projectile Whitworth, on arrivait non-seulement à l'explication des qualités de ce projectile, mais aussi à l'indication des moyens efficaces de développer encore cette supériorité.

C'est en grande partie dans l'application de ces moyens que consiste mon projet, dont le Whitworth se trouve en quelque sorte le point de départ naturel. J'ai recherché aussi cependant les perfectionnements de toute autre espèce, tels que forcement, augmentation de densité, etc., en m'astreignant seulement à n'amoindrir en rien la grande vitesse initiale, et le mouvement giratoire très-rapide que je regarde comme dominant la solution.

Je mets ma description sous forme d'énumération des caractères principaux que présenterait la nouvelle arme.

§ 2. — GRANDE DENSITÉ DU PROJECTILE.

103... Je réalise cette condition de premier ordre par l'emploi d'un métal nouveau comme obus, mais connu déjà en artillerie : c'est un alliage de *plomb* et *antimoine* suffisamment ductile pour se prêter au forcement spécial qui lui est réservé, et suffisamment aigre et cassant pour fournir un éclatement tout aussi efficace pour le moins que les obus en fonte.

Je ne me permettrais pas d'avancer ces divers caractères, contradictoires en apparence, sans m'être assuré l'appui de l'expérimentation. Je renvoie, pour les détails de cet essai, à ma précédente notice[1]. Ils sont aussi probants que peuvent l'être les résultats d'une expérience unique : après un forcement dans des conditions inattendues, les éclats du projectile essayé se sont montrés uniformément répartis, plus égaux et beaucoup plus nombreux que ne saurait les donner la fonte.

J'ai reproduit, dans la figure 10, le relevé de l'éclatement.

104... L'alliage présente une densité de 10,77. Celle de la fonte n'est que 7,3.

La densité d'ensemble du projectile nouveau, c'est-à-dire le quotient de son poids par le volume extérieur, serait 8. Le même quotient, pour l'obus de 4 français, ainsi que pour le 7 nouveau modèle, est 5,5.

La signification du rapprochement de ces chiffres, au point de vue balistique, n'échappera à personne.

§ 3. — HOMOGÉNÉITÉ DU PROJECTILE. PERFECTION DE FORME. CONCENTRICITÉ. FACILITÉS DE FABRICATION.

105... L'alliage en question n'est autre chose que le métal des caractères d'imprimerie. C'est dire l'homogénéité et les délicatesses de formes qu'il peut recevoir par simple moulage.

En fait, on arrivera, en employant des moules métalliques, avec noyaux également en métal, à réaliser, sans aucun tournage subséquent, un fini de formes et une régularité que la moulerie de fonte ne connaîtra jamais. On obtiendra même *de fusion* les pas de vis, comme cela se pratique déjà pour la poterie d'étain, et en même temps disparaîtront les dangers de soufflures si funestes à l'homogénéité et au plein du métal. Les moules, ne devant supporter qu'une faible chaleur, deviendront des objets *de précision*. Préparés au tour, avec les noyaux centrés rigoureusement[2], ils donneront aux projectiles une concentricité à peu près absolue, en même temps qu'une régularité de l'un à l'autre et une exactitude dans le calibre, qui, à elle seule, permettra, pour le cas de chargement par la bouche, de réduire le vent dans l'âme dans une proportion considérable. Le jeu entre l'âme et l'obus ne figure dans mon projet que pour 1 ^{mm} 1/2 sur le diamètre.

106... Une fois les moules réalisés, la fabrication deviendrait une opé-

1. Artillerie volante du calibre de 1, à recul libre et à affût fixe. — 1870.

2. Les noyaux métalliques seraient en plusieurs segments pour entrer et sortir par la gorge. Une pièce-clef les maintiendrait en place et constituerait le moule de la gorge filetée.

ration particulièrement facile, n'exigeant que les foyers les plus ordinaires, sans aucun outillage de parachèvement, et se pourrait pratiquer dans les plus modestes arsenaux.

§ 4. — FORCEMENT DU PROJECTILE, TOUT EN RETENANT LA PETITESSE DU PAS ET UNE GRANDE VITESSE INITIALE.

107... La malléabilité du métal adopté a cette conséquence que le forcement aurait lieu par suite simplement de l'inertie de l'obus au départ et par le fait d'un léger refoulement général de tout le corps cylindrique, amenant un accroissement du diamètre extérieur jusqu'à la rencontre hermétique des parois de l'âme.

Ici encore, je parle d'après l'expérimentation dont j'ai donné les détails dans la notice déjà citée.

108... Le gonflement s'annonce dans des conditions extrêmement heureuses, en ce que l'occlusion de l'âme est complète, sans que le projectile éprouve autre chose qu'une déformation très-limitée, régulière, et qu'on pourra d'ailleurs réglementer en lui assignant des points d'élection par une judicieuse répartition des épaisseurs aux diverses parties du corps d'obus. C'est ainsi que les encoches $a'a''$ de la figure 9, si elles étaient placées au droit du centre de gravité, auraient pour effet, en affaiblissant localement les ailettes qui, vu leur forte saillie, sont comme une ossature du projectile, d'assurer plus particulièrement le centrage dans l'âme de la région contenant le centre de gravité.

109... De plus, avec ce mode de forcement, les projectiles et les âmes peuvent recevoir à l'avance des ailettes et des rayures continues, très-saillantes et robustes à toute épreuve, ce qui procure l'avantage : 1° d'éviter le brutal poinçonnage du plomb, à l'entrée des rayures, premier travail demandé à la poudre avec les obus à enveloppe; 2° de permettre, et c'est capital, d'aborder les pas de rayure les plus courts, malgré de fortes charges c'est-à-dire un violent mouvement giratoire et une grande vitesse initiale de translation, sans crainte d'arrachement au départ.

C'est donc bien à la fois le forcement et le maintien intégral des caractères spéciaux du Whitworth favorables au couple négatif de nutation, savoir : rotation rapide, fortes saillies de lignes d'ailettes continues, et tir à grande charge.

§ 5. — CHARGEMENT PAR LA BOUCHE.

110... Si le genre particulier de forcement qui vient d'être décrit n'exclut pas le chargement par la culasse, il ne le rend plus nécessaire.

Or, je présume que le choix ne sera pas douteux. Dès que le forcement

est obtenu par ailleurs, le chargement par la culasse n'aurait guère
d'autre motif, dans une artillerie divisionnaire, que l'engouement du
jour. Les artilleurs préféreront sans doute des pièces robustes, se chargeant par la bouche et dispensées des complications mécaniques d'une
fermeture de culasse. D'autant plus que, pour le tir à fortes charges, il
y a à compter avec des difficultés d'obturation qui sont peut-être encore
à résoudre aujourd'hui.

§ 6. — DÉTAILS D'EXÉCUTION DE LA BOUCHE A FEU.

111... La pièce serait en acier fondu très-doux, présentant avant rupture un allongement de 25 à 30 p. 0.0. L'industrie est depuis peu de
temps en mesure de réaliser ce métal; mais elle en a maintenant les
moyens courants et sûrs. J'en parle en connaissance de cause. Un tel métal
n'a plus d'acier que le nom; il offre toutes les qualités à froid du meilleur fer avec les avantages d'égalité et de continuité de structure que
donne la fusion.

Les données essentielles du tracé de la bouche à feu se trouvent dans
la figure 11.

Son poids fini est 450 kil.

Elle est prise par forgeage au marteau-pilon dans un seul bloc d'acier
de 40 centimètres environ d'équarrissage. Les dimensions, comme
pièces de forge, sont assez restreintes pour assurer un bon travail de
martelage et une atteinte de l'action du marteau bien à cœur de la
pièce.

112... Pour n'entraver en rien cette action, et afin qu'on puisse traiter
la pièce sur l'enclume avec les mêmes facilités et la même promptitude
qu'une barre courante, les tourillons ne sont pas pris de forge, on les
rapporte après coup. Cette excellente précaution devrait être une règle
absolue pour toute artillerie forgée, quelle que soit la répugnance qu'elle
inspire généralement aux forgeurs, dont elle tend à suspecter l'habi-
leté.

113... Aussitôt après le forgeage, et avant tout travail de forage ou de
tour, je propose de soumettre la bouche à feu à une *trempe* générale, au
rouge simple, dans une eau froide abondamment renouvelée.

Mes raisons d'attendre le meilleur effet de cette opération sur la résistance de la pièce sont de deux espèces :

D'abord la trempe appliquée aux grosses pièces de forge présente des
effets d'adoucissement du métal et d'exaltation de sa ténacité, dont on
n'avait aucune idée avant l'application qui s'en est faite aux plaques de
blindage. C'est un ordre de phénomènes tout particulier qui s'est révélé
à cette occasion. Il est l'inverse de ce que produit la trempe sur les

aciers de petit échantillon. Ce n'est pas ici le lieu d'en faire l'étude[1], mais il n'est pas douteux que des effets de ce genre seraient d'un prix inestimable dans des pièces d'artillerie.

En second lieu, la trempe n'agira pas également sur toute la masse du métal. Ses effets, parmi lesquels est un retrait notable, seront considérablement plus sensibles vers la surface et dans les zones environnantes que dans le cœur même de la pièce vers le noyau. Les zones extérieures prendront ainsi un état de tension initiale relativement supérieur, et c'est précisément la condition qu'on recherche aujourd'hui dans la contexture des bouches à feu. On la poursuit, dans la grosse artillerie, par les dispositions de frettage les plus étudiées ; elle serait ici le fait d'un artifice particulièrement simple[2].

Je dois dire, en proposant la trempe des pièces de campagne en acier fondu, que je n'ai pas l'appui d'expériences directes. Mais il me semble que le seul fait des résultats obtenus sur les plaques de blindage serait de nature à justifier des essais.

114... Bien que la pièce soit destinée au chargement par la bouche, le forage en serait fait de part en part dans le but de mieux assurer la rectitude de l'âme et la perfection de la rayure. La culasse sera ensuite tamponnée par une vis pleine formant bouton de culasse. J'ai suivi, pour cette disposition, comme pour la bague à tourillons, le modèle du canon Whitworth. On ne saurait, je crois, arriver à une meilleure entente de ces détails importants.

115... La longueur d'âme est 1^m,75, soit **29** calibres.

Le centre de gravité de la bouche à feu tombe à 115^{mm} en arrière des tourillons, ce qui donne une prépondérance de 50 kil. au bouton de culasse.

Le pas des rayures est ^m,20 seulement.

---

1. Les progrès dus à la trempe, à l'origine de la fabrication des blindages, ont tenu du merveilleux. Les mêmes plaques, qui frappées sur une moitié non trempée étaient mises en pièces par le canon, fournissaient sur l'autre d'admirables empreintes attestant une douceur parfaite du métal. Il faut avoir suivi ces essais pour se figurer ces résultats.

2. Dans la coulée des canons en fonte, on cherche au contraire, et toujours dans le même but, à refroidir rapidement le noyau en maintenant chaudes les surfaces. Mais il s'agit alors d'un métal en fusion qui se solidifie, et on s'attache à empêcher que les parties-enveloppes se figent les premières et nuisent par là à la liberté d'arrangement moléculaire du noyau. Il y a, en outre, l'avantage de faire faire son retrait à l'enveloppe sur un noyau solide et résistant, ce qui ne peut que lui donner la tension initiale désirée.

§ 7. — DÉTAILS D'EXÉCUTION DE L'OBUS.

116... La figure 12 montre l'obus, grandeur d'exécution. Il est représenté armé de la fusée percutante *Maucourant*. Tout autre modèle de fusée peut évidemment être appliqué, pourvu que la tête en soit épanouie en ogive, comme le montre le tracé, afin de protéger convenablement la pointe du projectile.

117... Voici la légende de l'obus :

Fusée percutante . . . . 0^k,350
Corps d'obus en alliage plomb et antimoine . . . .   5 ,000
Poudre d'éclatement . . . . , ...   0 ,250
Poids total . . . .   5^k,600
Densité de l'ensemble : 8..... (104).
Densité de l'alliage : 10,77.

118... Les ailettes sont au nombre de 6 et occupent toute la longueur de la partie cylindrique, empiétant même sur l'ogive jusqu'à la fusée, afin d'augmenter la longueur ∂ (83).

Le centre de gravité est à 101^{mm} du talon, et la valeur de ∂ serait 29^{mm} environ[1].

Les ailettes ont un relief de 4^{mm},1/2. Leur section transversale est trapézoïde. Le flanc de chargement porte les redans, et le talon d'ailette porte les encoches dont le but a été expliqué aux numéros 76 et 85. Le flanc de chargement bc se présente presque normal (77) au corps d'obus[2]. Quant au flanc de tir ef, il est incliné à 20° sur la tangente au corps, comme dans les pièces françaises rayées. Le motif de cette disposition a été expliqué au n° 77. Elle a une conséquence intéressante au point de vue, non de l'obus ordinaire qui nous occupe, mais de l'obus à balles : c'est de centrer, pendant son trajet dans l'âme, ce projectile qui, on va le voir, n'est pas forcé et se charge avec vent.

119... Pour faciliter l'éclatement du talon, dont l'épaisseur est plus grande, six petites cloisons en tôle aaa sont placées dans le moule avant la coulée et abandonnées par lui dans le métal de l'obus. Ces cloisons sont passées au blanc préalablement, afin de ne pas se souder à l'alliage.

---

1. Je n'ai pas osé aller plus loin et reculer davantage le centre de gravité vers le talon ; mais ce serait, je crois, à tenter.

2. Un peu de dépouille seulement est laissé en vue du moulage.

120... D'après cette description sommaire, et à l'inspection de la figure 12, on reconnaîtra sans doute qu'avec les agencements les plus simples, puisqu'il n'y a aucune complication d'enveloppe rapportée, on réaliserait aussi développées que possible : d'abord la densité, dont il n'est en artillerie aucun exemple approchant ($5^k,5$ de projectile pour un calibre de 60^{mm} seulement), et en même temps les conditions essentielles d'un couple de nutation négatif énergique, tout en retenant les éléments précieux de centrage et d'obturation qu'assure le forcement.

Malgré ces séductions, aura-t-on assez de foi en un obus à base de plomb pour en aborder la tentative? C'est ce que je ne saurais préjuger en aucune manière, et je ne puis, à ce sujet, que répéter ce que j'ai dit déjà en exposant une partie de ces idées :

« Ces diverses conditions, quel que soit leur intérêt et fussent-elles
« réalisées à la lettre, ne sont encore que certains côtés de la vaste ques-
« tion du meilleur canon divisionnaire. Il y a d'autres éléments dont
« l'appréciation ne saurait être mon fait. Des obus en alliage de plomb
« ne seront-ils pas trop chers (leur matière première coûterait environ
« 0 fr. 75[1] le kilog.)? Seront-ils suffisants comme agents de destruction
« et comme pénétration dans les obstacles ? Il est clair qu'en rase cam-
« pagne, contre des troupes ou du matériel, leur efficacité sera com-
« plète, et aussi contre les retranchements en terre ou les constructions
« ordinaires des villages ; mais, en face des remparts réguliers, ne pré-
« senteront-ils pas une insuffisance relative inadmissible, même dans
« une pièce d'artillerie purement divisionnaire? »

§ 8. — DÉTAILS D'EXÉCUTION DE L'OBUS A BALLES.

121... Les obus à balles font aujourd'hui une partie intéressante des approvisionnements des bouches à feu de campagne, sinon au point de vue du nombre relativement restreint de ces projectiles, qui entre dans les caissons, au moins sous le rapport de l'importance des résultats qu'ils peuvent donner en certaines circonstances.

122... Or la réduction du calibre n'est pas favorable à l'efficacité des obus à balles, parce que le nombre des balles se trouve réduit par l'exiguité du corps d'obus. Cette circonstance a même assez d'importance

---

1. Ce chiffre est exagéré ; il n'atteindrait pas, en réalité, 60 centimes, au prix actuel du régule d'antimoine. Et il faut dire, en outre, que depuis l'époque ou je parlais ainsi on en est venu à reculer beaucoup moins devant l'étude des projectiles perfectionnés, compliqués et coûteux pour l'artillerie de campagne. Ce qui était effrayant comme dépense pourrait bien devenir normal par la force des choses. Et si mes obus en alliage, sont chers de métal, ce sera compensé pour le prix de revient relatif par l'extrême simplicité d'une fabrication qui serait remarquablement économique.

aux yeux de certains artilleurs, pour devenir limitative de la petitesse du calibre malgré tous les avantages balistiques de celle-ci à masse égale de projectile.

Pour tout concilier, je propose un modèle fondé sur le parti pris de diminuer considérablement le volume et le poids relatif du corps-enveloppe en le faisant d'un métal plus tenace que la fonte, et de développer d'autant le chargement en balles. Ce métal serait en l'espèce le *cuivre rouge*. Il présente l'avantage de se prêter à une fabrication des corps d'obus par tirage au banc, qui donnera des pièces d'une précision parfaite comme diamètre extérieur et figure des ailettes, et d'assurer aux ailettes une douceur des plus convenables pour le travail de frottement que ces appendices ont à subir dans l'âme.

On retrouverait ainsi dans les obus à balles le même fini de formes que dans l'obus ordinaire décrit ci-dessus (105) permettant de réduire à très-peu de chose le vent de chargement.

L'épaisseur du corps serait de 6 $^m/_m$. J'estime ce chiffre suffisant (du moins comme point de départ des essais), grâce à la nature du métal, au renfort que fournissent les ailettes et à la petitesse du calibre, pour résister aux effets de l'inertie lors du choc initial dans l'âme.

123... Moyennant ces conditions, la proportion du poids des balles constituant le chargement, au nombre de 104, est de 2 kil., sur un poids total de projectile de 5^k,44. Dans l'obus à balles de 4 français, les balles, au nombre de 85, ne représentent que 1^k,7 sur 4^k,7 de projectile; et dans le schrapnel de 12 Whitworth, les balles, au nombre de 40, ne représentent que 1^k,18 sur 5^k,3 de poids total.

124... La figure 13 donne les détails du projectile.

La pointe ogive est entièrement composée d'une fusée Richter, à durée, avec inflammation par capsule au départ. Je n'ai pas à insister sur cette fusée très-connue.

La base *aa* sera ici en laiton, avec le goujon *cc* venu de la même pièce, la rondelle *bb* en zinc[1]; et l'écrou *dd* en laiton.

Le corps d'obus est en cuivre rouge, d'une même pièce avec le fond-culot, et préparé par emboutissage et tirage au banc, cette opération faisant venir d'elles-mêmes les ailettes avec toute la netteté et la précision désirables.

qq est une rondelle, légèrement conique, en fer, qui se pose au fond du corps pour commencer le chargement de l'obus. Elle est traversée par le tube *gg*, en laiton, de 1 $^m/_m$ d'épaisseur.

On place ensuite les 13 assises de balles sphériques *h, h, h*, en plomb,

---

1. En vue de diminuer l'inertie de cette rondelle, ce qui est important avec le pas très-court des rayures, ne pourrait-on essayer de la faire en *buis*?

mesurant 14 $^m/_m$ de diamètre. Chaque assise contenant 7 balles, c'est en tout 91 balles.

L'extrémité supérieure du tube gg, étant bien centrée par le moyen d'un guide provisoire à jour, on coule entre les balles une garniture de soufre ou de résine en fusion.

Le tube gg se centre au fond du culot dans un logement spécial nn. Ce logement, ainsi que le siége annulaire oo de la rondelle qq, est obtenu bien régulier au moyen d'une mèche ou fraise qui fait le tout en quelques tours.

Dans le tube gg s'en trouve un autre plus mince, entré *à force* et d'une forme particulière indiquée dans la coupe transversale. Cette forme a pour but de ménager de bout en bout du projectile deux canaux demi-cylindriques, que la coupe montre en zz, pour la communication du feu à la charge d'éclatement.

Cette disposition entraîne une forme particulière pour les balles centrales plates mm, qui se glissent au nombre de 13 dans le noyau formé par l'ensemble des deux tubes.

La charge en poudre se verse par les vides demi-cylindriques zz qui restent libres. Elle vient occuper la chambre pp et remplit les demi-cylindres eux-mêmes jusqu'en haut. On l'y serre graduellement avec un bourroir en cuivre, jusqu'à ce que toute la quantité mesurée à l'avance ait trouvé place.

On met enfin la fusée dont le dessous est disposé pour centrer à la fois et maintenir les deux tubes en laiton, et pour appuyer sur une balle cylindrique s, en caoutchouc, destinée à comprimer la colonne des balles centrales, dont le pied repose également sur une rondelle en caoutchouc s'.

125... L'éclatement se fait dans les conditions suivantes :

Le pas de vis ee, qui sert d'assemblage entre la fusée et le corps d'obus, représente intentionnellement un point faible. Il doit devenir le premier lieu de rupture au moment de l'explosion. Le corps d'obus se trouve alors retardé dans son mouvement et le chargement est au contraire projeté en avant, de sorte que l'angle du cône de dispersion semble devoir être faible. Il est à remarquer, en outre, que les balles cylindriques mm, formant la colonne centrale, continueront après l'explosion le parcours de la trajectoire elle-même et se trouveront animées chacune du même mouvement giratoire que l'obus.

126... Le pas de vis ee et les parties avoisinantes seraient trop faibles pour suffire à entraîner brusquement la fusée dans le mouvement giratoire au départ. Afin d'y suppléer, la base de la fusée est armée de têtes d'ailettes rr qui se trouvent guidées et entraînées dans les rayures. Le pas de vis n'a plus ainsi aucune fonction fatigante au départ. La poussée

initiale de la fusée selon la translation se fait même aussi par l'intermé·
diaire des ailettes.

Il résulte de cela une certaine sujétion de raccordement entre les ailettes de la fusée et celles du corps. Mais une coïncidence bien exacte
peut être obtenue sans compliquer la fabrication, au moyen de la disposition représentée dans la figure 14.

Les têtes d'ailettes que porte la fusée sont venues de fusion avec un
peu d'excédant de métal au flanc de tir, et le raccordement rigoureux
ne demande que l'enlèvement très-facile des quelques parcelles repré·
sentées en *aa* (fig. 14) par un tracé pointillé et des hachures.

On observera que la présence des têtes d'ailettes sur la fusée a pour
effet l'accroissement de la quantité ∂ (83).

127... Voici la légende de l'obus à balles :

Fusée Richter en laiton et zinc.	0ᵏ,445
Corps d'obus en cuivre rouge.	2ᵏ,500
Balles { 91 balles sphériques en plomb.	1ᵏ,730
{ 13 balles cylindriques en plomb.	0ᵏ,240
Rondelle de support du chargement.	0ᵏ,080
2 tubes en laiton.	0ᵏ,175
Soufre.	0ᵏ,235
Poudre d'éclatement.	0ᵏ,040
Poids total.	5ᵏ,445

128... J'ai supposé mon obus à balles muni d'une fusée Richter, c'est
ainsi que le représente la figure 13. Mais il est extrêmement probable
qu'une simple fusée ordinaire à durée pourrait être adoptée, en raison
du vent du projectile qui, bien que très-réduit, suffira sans doute encore
à l'inflammation des évents. Ce serait à la fois une simplification heureuse, une économie bien venue et une sûreté plus grande pour l'éclatement; toutes conditions parfaitement de nature peut-être à ôter tout
regret du forcement au moins dans le cas actuel et pour ce projectile
spécial.

La fusée se ferait alors sur les mêmes dimensions extérieures que
donne la figure 13. Elle serait *en bois*, avec six durées différentes, ce que
rendrait facile son grand volume.

129... Malgré cette simplification importante, l'obus à balles restera
un projectile compliqué et cher. C'est regrettable sans doute, mais il ne
faut pas oublier que la faible proportion des schrapnels dans les approvisionnements autorise pour eux des minuties et des frais que ne saurait comporter la masse des projectiles courants.

§ 9. — POIDS DU PROJECTILE.

130... Je n'ai rien dit du choix du calibre, ou plutôt du poids du projectile, qui est cependant une question de premier ordre. C'est que je regarde une discussion de ce genre comme exclusivement du domaine des artilleurs, et qu'elle est du reste assez indifférente au point de vue des particularités qui feraient tout l'intérêt de la pièce divisionnaire que je propose. Ces particularités resteront les mêmes, quel que soit le calibre qui sera reconnu le meilleur. Seulement il me fallait une base pour la rédaction d'un projet, et si j'ai pris le poids d'obus de 5 k. 1/2 environ, c'est qu'il m'a paru réunir en ce moment les préférences des artilleurs.

Quel que soit le calibre auquel on s'arrête, il ne faut pas perdre de vue que l'adoption de l'alliage plomb et antimoine pour les projectiles permettrait, pour le même poids et la même longueur d'obus, une réduction de plusieurs millimètres sur le diamètre d'âme [1].

§ 10. — OBUS ORDINAIRE EN FONTE.

131... Enfin, s'il s'en fallait tenir absolument au métal traditionnel pour les obus ordinaires, et renoncer aux séductions que me paraît présenter l'alliage dense de plomb et d'antimoine, je reste assez confiant dans l'influence du couple de nutation pour penser qu'il y aurait encore motif à des essais même avec des projectiles en fonte; c'est-à-dire en sacrifiant du même coup la densité plus grande, la perfection des formes et le forcement naturel. Seulement il faudrait probablement alors augmenter encore la saillie des ailettes dont le flanc de tir serait garni d'une bande glissière en zinc. L'inclinaison de ce flanc sur la tangente au corps d'obus serait réglée en vue d'un bon centrage. L'exemple du Whitworth prouve qu'on le peut obtenir très-suffisant malgré le vent qu'exige le chargement par la bouche des projectiles en fonte.

Rien en ce cas ne serait changé essentiellement soit à la bouche à feu, soit au schrapnel.

132... Une autre solution, plus complète que celle-là, et de nature à satisfaire les partisans du chargement par la culasse, consisterait dans le retour à ce mode de chargement et au forcement qu'il procure, tout en conservant les saillies continues à haut relief et leurs divers artifices de formes propres à développer le couple négatif de nutation.

En voici l'exposé en quelques traits.

Le projectile en fonte porterait, venues de coulée, les mêmes saillies-

---

1. Pour 4 kilog. de projectile, on arriverait à dépasser à peine 0^m,05 de calibre.

ailettes continues avec les mêmes accidents de forme que les obus décrits dans les paragraphes précédents. Une gaine de plomb, analogue à celle des obus de 7, nouveau modèle, envelopperait à la fois et les ailettes et le corps cylindrique.

L'âme présenterait deux systèmes de rayures : le premier, à grande profondeur et à grande largeur, correspondrait aux saillies-ailettes préexistantes sur le projectile; le second, à rainures multipliées et peu profondes, analogue à ce qui est d'usage dans les pièces se chargeant par la culasse, régnerait aussi bien dans le fond des premières grosses rayures et sur leur flanc de chargement que dans la partie restée cylindrique de l'âme. Le flanc de tir des rayures resterait seul une surface lisse.

Le premier système s'étendrait jusque dans la chambre de chargement, de manière qu'en introduisant l'obus on engagerait, par le fait, dans les grosses rayures ses ailettes préexistantes, tout comme on le fait dans le chargement par la bouche.

Le second système de rayures ne commencerait, au contraire, qu'à l'avant de la chambre de chargement, ainsi que cela a lieu dans les pièces se chargeant par la culasse. Il est bien entendu que l'ensemble des petites rayures secondaires présenterait, comme dans ces pièces, une diminution de diamètre soit pour l'âme, soit pour les fonds d'ailettes et aussi un rétrécissement de ces dernières, de nature à produire le forcement en tous sens des enveloppes de plomb.

Les grosses rayures du premier système auraient pour fonction spéciale de pourvoir au mouvement giratoire du projectile, dans un tir à grande charge et avec un pas très-court, conditions que ne supporteraient pas les petites rayures ordinaires de forcement.

Les petites rayures du second système auraient pour seule mission le forcement avec toutes ses conséquences de centrage et d'obturation des gaz, et se trouveraient déchargées par les autres de la grande fatigue du départ, provenant de la forte charge et du violent mouvement giratoire.

Le tracé des ailettes principales en vue des exigences du couple négatif de nutation serait parfaitement conciliable avec ces arrangements.

J'ai déjà dit, en effet, que le flanc de tir resterait lisse (il n'y a pas à craindre que cela nuise à la bonne obturation de l'âme, car ce flanc sera le siége d'une pression qui assurera et de reste un joint étanche). On lui donnerait en outre l'inclinaison reconnue utile (78) sur le corps d'obus. Le flanc de chargement serait disposé de son côté pour présenter, même après l'application de l'enveloppe de plomb, la forme dentelée de la figure 9. Les saillants des dents éprouveraient seuls le forcement, ce qui pourvoira à l'obturation des gaz sans nuire à la dentelure. Un léger rétrécissement des grosses rayures, de la culasse à la bouche, assurera l'obturation plus parfaitement encore pendant toute la durée de la décharge.

En somme on voit que la section de l'âme se tracerait selon les coupes des figures 12 et 13, avec cette particularité seulement que tout le pourtour du tracé, sauf les flancs de tir, serait dentelé de petites cannelures représentant les sections des rayures du système secondaire. Il est bon de noter que ces petites rayures, n'ayant plus à intervenir pour imprimer la rotation, pourraient ne présenter qu'une profondeur faible relativement à ce qui se pratique d'ordinaire pour le forcement des enveloppes malléables; il y aurait là une certaine économie de travail au départ.

Une artillerie divisionnaire ainsi combinée réunirait donc :

Tir à grande charge avec mouvement giratoire aussi intense qu'il sera nécessaire;

Fortes ailettes disposées pour le plus grand développement du couple négatif de nutation;

Forcement par les moyens ordinaires.

Mais il resterait toujours, relativement aux obus en alliage du paragraphe 2, le sacrifice de la densité et de la simplicité de fabrication.

§ 14. — DÉTERMINATION DES DIVERS ÉLÉMENTS DU PROJET.

133... L'expérience seule peut évidemment régler les divers détails de dimensions et de formes qui doivent constituer pratiquement un système de pièce divisionnaire.

C'est toujours à l'essai qu'il en faut venir surtout en artillerie, où les forces, les vitesses et les complications sont trop extrêmes pour être autrement déterminées.

Les considérations théoriques ne peuvent guère qu'indiquer les voies, et je ne leur ai pas demandé autre chose. Elles signalent en l'espèce la convenance de certaines dispositions et conditions de tir; mais c'est à l'expérience d'en régler la mesure pour atteindre le nécessaire et éviter le superflu ou l'excès.

Mes descriptions ou dessins n'ont donc de signification que celles de points de départ, très-discutables naturellement, des premières tentatives. Il est possible, par exemple, qu'il y ait lieu de donner plus d'importance que je n'en ai prévu au relief des ailettes. Le pas des rayures a été aussi évalué arbitrairement avec la seule préoccupation de le faire très-court. La charge de poudre, cet élément capital, je n'en ai même pas formulé une appréciation, on l'a déjà remarqué sans doute; je me suis borné à chercher pour la bouche à feu toutes les conditions de solidité de nature à admettre la plus forte charge possible.

En définitive, et bien que j'aie dû donner par des dessins des exemples de réalisation pour fixer les idées, c'est bien plus un programme que j'ai essayé de tracer qu'un projet de toutes pièces pour la rédaction duquel trop de choses me feraient défaut.

Il appartient aux hommes spéciaux, qui ont la haute responsabilité de ces graves matières, d'apprécier d'abord si mes idées méritent assez de considération pour des essais, et ensuite de régler la direction et les détails de l'étude expérimentale qui fournirait non-seulement la sanction de ces idées, mais aussi la détermination des éléments essentiels de la bouche à feu et des projectiles.

§ 12. — APPLICATION AUX ARTILLERIES LÉGÈRES.

134... Il est certain que les avantages à attendre des diverses dispositions proposées pour une artillerie de campagne seraient également à rechercher pour une artillerie de montagne, ou, en général, pour toute artillerie légère dans laquelle le peu de masse des projectiles est une nécessité de nature.

Effectivement, moins les projectiles sont pesants et plus leur surface est grande relativement à leur masse; plus par conséquent l'action de l'air est à considérer dans le tir.

C'est donc *à fortiori* qu'il y aurait lieu de s'occuper ici des artilleries légères.

135... Je renverrai sur ce point à ma description déjà citée d'une artillerie volante de très-petit calibre. On y verra que l'expérience a déjà fourni pour cette arme des portées et une précision supérieures à celles du 4 rayé français de campagne, et cela avec un obus en acier fondu, à surface lisse, non forcé, et une bouche à feu ne pesant que 47 kilog., c'est-à-dire se portant à l'épaule. Je ne crois pas me faire illusion en pensant qu'avec un léger accroissement de ce poids et en adoptant des projectiles en alliage dense armés d'ailettes saillantes et tirés avec forcement et grande charge, cette arme extra-légère, pour laquelle un seul attelage de 1,000 kil. emporterait à la fois deux canons, leurs affûts et 120 coups, atteindrait les mêmes éléments de tir que l'artillerie du jour la plus perfectionnée.

Est-il déraisonnable de prévoir qu'un pareil armement, se pouvant multiplier sans surcharger les parcs, serait susceptible d'un rôle considérable à titre d'auxiliaire des troupes et comme intermédiaire entre l'artillerie de campagne et les armes de main?

RÉSUMÉ.

J'ai cru utile de résumer ce travail en en reprenant toute la suite sous une forme plus succincte. On y trouvera plus saisissable l'enchaînement des idées, et plus facile le contrôle des déductions.

Le problème de la tension des trajectoires se réduit en somme à ces propositions de simple bon sens, en ce qui concerne le projectile :

Réduire au minimum la résistance de l'air; et pour cela offrir à la rencontre de l'air, pendant le trajet, une surface le plus réduite possible.

A cette fin, l'indication toute naturelle est d'allonger le projectile autant que le permettent les autres exigences matérielles de la question et de maintenir constamment l'axe de la plus grande longueur, selon les éléments successifs de la trajectoire, de façon que sans cesse la rencontre de l'air ne trouve que la section transversale du projectile. Enfin, il est encore indiqué de diminuer cette section transversale et l'ensemble des dimensions par l'accroissement de la densité.

Parmi ces conditions très-simples, il en est une, celle de l'orientation constante de l'axe de figure selon les tangentes à la trajectoire, qui n'a pu être réalisée encore d'une manière complète, malgré les progrès énormes accomplis par l'artillerie rayée. Une certaine stabilité est bien assurée à l'axe de figure par le mouvement giratoire qui s'établit autour d'un axe permanent de rotation; mais en raison même de cette stabilité, le projectile ne présente pas généralement sa pointe à la rencontre de l'air; il lui prête plus ou moins le flanc.

C'est donc de ce côté que l'intéressante question de la tension des trajectoires offre le plus à faire encore, et l'étude que je me suis proposée est principalement celle des moyens de maintenir l'axe de figure sur les éléments successifs de la courbe parcourue. Elle doit s'inspirer essentiellement de l'analyse du mouvement complexe des projectiles dans l'espace; j'ai donc pris pour point de départ les beaux travaux scientifiques dont cette matière a été l'objet.

Pendant sa course, un projectile peut être considéré, quelque général et compliqué que soit son mouvement, comme animé :

1° D'un mouvement de translation qui est celui de son centre de gravité et qui s'accomplit comme si en ce point était concentrée toute la masse et qu'y fut appliquée la résultante de translation de toutes les forces qui sollicitent à chaque instant le projectile.

Ce premier mouvement se fait selon la trajectoire.

2° D'un mouvement de rotation autour d'un des points du mobile, qui est le centre de gravité; ce mouvement s'accomplit comme si le centre de gravité était fixe et sous l'influence du couple initial de rotation et du couple résultant qui prendrait naissance par le transport fictif, à chaque instant, de toutes les forces, parallèlement à elles-mêmes, au centre de gravité.

Le second de ces deux mouvements présente des conditions bien définies pour le cas particulier à l'artillerie rayée, c'est-à-dire dans le cas où le projectile est animé d'une rotation initiale autour de son axe de figure. La rotation autour du centre de gravité est alors un mouvement conique, dit mouvement *nodal*, que l'axe de figure décrit autour de ce point comme sommet. La surface conique serait de révolution avec la tangente à la trajectoire pour axe, sans une certaine variation de l'angle au sommet, variation qui a reçu le nom de *nutation*.

En même temps que l'axe de figure accomplit son mouvement conique, compliqué de la nutation, le projectile effectue autour de cet axe de figure le mouvement giratoire qui a pris naissance dans les rayures hélicoïdales de l'âme.

Les trois mouvements ci-dessus, savoir : le nodal, la nutation et la rotation sur l'axe de figure, qui constituent, en se composant, tout le mouvement rotatoire du projectile autour de son centre de gravité, sont liés par des lois connues aux couples, soit initial de rotation, soit extérieurs, qui agissent à chaque instant sur le mobile. Ces lois sont les suivantes :

Le couple résultant extérieur a peut se décomposer à chaque instant du mouvement en trois composants dont les axes concourent au centre de gravité. Le premier a' ayant pour axe l'axe de figure; le second a'' ayant pour axe une normale à l'axe de figure et au plan *azimutal*, c'est-à-dire au plan qui, entraîné dans le mouvement conique de l'axe de figure autour de la tangente, contient sans cesse ces deux droites; le troisième a''' ayant pour axe une normale aux deux axes de a' et de a'', c'est-à-dire une perpendiculaire à l'axe de figure dans le plan azimutal.

Le premier couple composant a' n'a d'autre effet que de faire varier la vitesse giratoire autour de l'axe de figure et n'influe en rien sur le mouvement de cet axe lui-même.

Le deuxième couple composant a'' est sans effet sur la vitesse giratoire autour de l'axe de figure; mais il produit le déplacement de cet axe et lui fait décrire un cône de révolution autour de la tangente à la trajectoire. La vitesse de ce mouvement conique est en raison directe de la grandeur de a'', qui n'a d'ailleurs aucune influence sur l'ouverture d'angle au sommet du cône décrit. Ce second composant produit donc le mouvement nodal de l'axe de figure et n'a aucune autre action; c'est le couple *nodal*.

Le troisième couple composant a''' est également sans effet sur la vitesse giratoire autour de l'axe de figure et n'agit pas davantage sur le déplacement de cet axe le long de la surface conique de révolution; mais il tend constamment à modifier l'angle d'ouverture au sommet de cette surface. La vitesse d'accroissement de l'angle au sommet est en raison directe de la grandeur de a'''. Ce troisième composant a donc pour fonction unique de produire la nutation de l'axe de figure; c'est le couple de *nutation*.

De ces diverses fonctions bien définies des trois couples composants ressort de suite l'important enseignement que le troisième seul, c'est-à-dire le couple de nutation, offre quelque moyen de produire une orientation de l'axe de figure favorable à l'amoindrissement de la résistance de l'air, autrement dit à la plus grande tension de la trajectoire. En effet, le premier composant a' est sans action sur la position de l'axe de figure, et a'' ne fait que déplacer cet axe le long d'une surface conique autour de la tangente sans pouvoir en modifier l'angle au sommet. Le couple de nutation seul se trouve avoir le rôle de modifier cet angle β, qui est précisément d'ailleurs l'inclinaison de l'axe de figure sur l'élément actuel de la trajectoire.

Si donc il est possible de disposer les choses, soit dans le tracé du projectile, soit dans le mouvement initial qui lui est imprimé au sortir de l'âme, de façon qu'un couple de nutation prenne naissance pendant le trajet; qu'il soit négatif, c'est-à-dire provoque sans cesse une diminution de l'angle β, et qu'il soit d'autant plus énergique que cet angle tendra à s'ouvrir davantage par suite des causes intervenant dans le mouvement général, on aura résolu la question de l'orientation de l'axe de figure selon la tangente à la trajectoire. Le couple négatif de nutation deviendra ainsi le tuteur de l'axe de figure, empêchant de naître l'angle β ou en restreignant l'ouverture et la ramenant à 0 aussitôt que d'autres causes provoquent son apparition [1].

Or, la chose est possible, en utilisant pour cela précisément la résistance de l'air qu'il s'agit de combattre.

Le couple résultant a, dont je viens de rappeler la décomposition en

---

1. J'ai expliqué, dans le cours de ce travail, comment ces causes résident principalement dans l'abaissement constant de la trajectoire vers le sol. A l'origine, c'est ce qui fait naître l'angle; c'est ce qui tend à l'accroître durant le trajet.

trois autres a', a'', a''', est en effet uniquement dû à la résistance de l'air ; car la pesanteur ne fournit pas de couple autour du centre de gravité. Le couple de nutation n'a donc d'autres éléments constitutifs que des résistances dues à l'action de l'air, et il suffit de disposer sur la surface du projectile des appendices offrant à l'air des buttées étudiées de façon à produire une somme de moments négatifs autour de l'axe du couple de nutation. L'énergie de ces moments peut être augmentée considérablement par un autre moyen dont on dispose aussi ; c'est l'accroissement du mouvement giratoire initial autour de l'axe de figure.

Les appendices dont il s'agit n'ont pas à constituer un organe nouveau et spécial : les saillies-ailettes, indispensables déjà pour imprimer dans l'âme la rotation initiale, y suffisent parfaitement. Il sera seulement nécessaire de leur donner de la saillie, de la continuité et de la force ; toutes conditions que nécessiterait à lui seul l'accroissement dans la vitesse de rotation initiale.

Une considération bien simple permet d'apprécier le rôle des ailettes et de régler leur forme et leur disposition en vue du développement du couple négatif de nutation ; c'est la considération de la vitesse relative de l'air par rapport aux divers points de la surface du projectile en mouvement. La direction de cette vitesse donne celle des forces résistantes qui se produisent à la rencontre des divers flancs d'ailettes avec l'air. Il n'y a plus alors qu'à combiner la forme des flancs, de manière à favoriser autant que possible celle de ces forces qui ont un moment négatif par rapport à l'axe de a'''.

En appliquant cet examen aux diverses zones qui constituent le corps du projectile, on arrive à reconnaître :

1° Que dans les deux régions placées symétriquement à un instant donné de chaque côté du plan azimutal, les flancs d'ailettes sont attaqués par l'air avec des vitesses inégales, d'où des forces résistantes inégales aussi, dont la plus grande se trouve précisément avoir un moment négatif par rapport à l'axe de a''' ; de là un premier appoint négatif pour le couple de nutation. D'autant plus que les résistances les plus grandes ont en même temps l'incidence la moins aiguë avec leurs flancs respectifs.

2° Que dans les régions placées aux environs des deux traces du plan azimutal sur la surface du projectile, les flancs d'ailettes sont attaqués par l'air, savoir : dans la région antérieure (par rapport au sens du mouvement de translation), selon une direction qui crée une résistance de moment négatif, comme couple de nutation, et, dans la région postérieure, selon une direction d'où résulte un moment positif ; mais, vu les différences de densité de milieu, vu surtout la position *masquée* de la région postérieure, le premier de ces moments est prédominant de beaucoup. De là un second appoint pour le couple négatif de nutation.

Déjà de cette première analyse résulte ce fait important que, pour le développement naturel d'un couple négatif de nutation, c'est-à-dire pour provoquer une plus grande tension de la trajectoire, il ne faut pas des projectiles lisses de surface, mais qu'il est bon de les armer de saillies prononcées et continues ; que, de plus, il faut des projectiles plus allongés qu'il n'est d'usage en artillerie, la plus grande longueur développant les résistances utiles contre les flancs d'ailettes ; et qu'enfin il leur faut un mouvement de rotation très-rapide.

Ces déductions trouvent une sanction assez nette dans le projectile Whitworth, qui se trouve précisément le seul des projectiles usuels à répondre de tous points à ces données, puisqu'il réunit : 1° une grande longueur, 2° des saillies-ailettes continues et assez prononcées pour constituer un corps à section polygonale, 3° une très-grande vitesse de rotation.

Or, en même temps que le projectile Whitworth présente ces coïncidences avec le programme ci-dessus, il se trouve fournir les plus beaux éléments de tir, même pour les plus petits calibres, et cela sans avoir recours à aucun des artifices de forcement qui constituent les perfectionnements du jour.

Est-ce à dire que le Whitworth soit un dernier mot ? Nullement. Mais j'y trouve en passant une confirmation très-heureuse des indications déjà obtenues et la pensée de poursuivre la recherche en vue d'en tirer d'autres enseignements propres à développer les avantages dont le Whitworth présente une première réalisation.

Reprenant pour cela l'étude des diverses régions constituant la surface du projectile, j'observe d'abord que, pour les zones symétriques latérales au plan azimutal, l'attaque de l'air, du côté où elle est dominante avec un moment négatif de nutation, se fait contre les flancs de chargement des ailettes, tandis que, de l'autre côté, où la vitesse de rencontre est moindre et le moment positif, l'attaque se fait contre les flancs de tir.

J'observe, en outre, que dans la région qui avoisine la trace antérieure du plan azimutal, l'attaque de l'air, qui donne lieu à un moment négatif dominant, se fait encore contre les flancs de chargement, tandis que, dans la région opposée (la postérieure), où le moment est positif et de plus faible grandeur, c'est contre les flancs de tir que se fait l'attaque de l'air.

De sorte que tous les appoints constitutifs d'un couple de nutation positif, c'est-à-dire nuisibles à notre objet, sont dus à des réactions contre les flancs de tir ; tandis que tous les appoints utiles sont dus à des réactions contre les flancs de chargement.

Il s'ensuit que, pour exalter les derniers et assurer par là au couple négatif de nutation toute l'intensité possible, il faut à la fois :

1° Dérober à l'air, autant qu'il se peut, les flancs de tir, en leur donnant, par exemple, une certaine inclinaison sur la normale au corps

d'obus, ce qui n'est pas sans convenance au point de vue du tir, et en
leur laissant tout le poli et toute la continuité de surface qui sont d'ailleurs dans les nécessités de leur importante fonction dans l'âme pendant la décharge;

2° Disposer, au contraire, les flancs de chargement de manière à
y provoquer les réactions les plus énergiques du fait de la rencontre de
l'air; à cette fin, les établir normaux au corps d'obus, et au lieu de leur
laisser la figure d'une surface hélicoïdale unie, contre laquelle l'air glisse
plus ou moins en raison de son incidence toujours assez aiguë, les tracer
en forme de crémaillère à redans offrant à l'air une suite de véritables
buttées.

L'étude détaillée des diverses forces résistantes, à moment de nutation
négatif, conduit encore à d'autres conséquences que ce résumé ne peut
qu'indiquer succinctement. C'est ainsi qu'on est amené à prolonger, autant que possible, vers l'avant, les lignes d'ailettes, à en augmenter le
nombre, et peut-être aussi à les garnir, vers le talon, d'entailles ou encoches interrompant leurs saillies.

Ayant ainsi abouti à un projectile dont la surface, au lieu d'être lisse
comme cela a lieu relativement dans la pratique actuelle, se trouverait
hérissée d'aspérités créées à loisir, il y avait lieu de se demander d'abord
si, en multipliant ces obstacles et en exagérant leur saillie dans le sens
propre à développer le couple a''' négatif, on ne risquait pas de dépasser
le but et de faire naître un angle β négatif lui-même; et ensuite si les résistances ainsi préparées ne constituaient pas, en tout cas, une condition trop préjudiciable à la conservation de la vitesse initiale, et n'expo-
saient pas à perdre d'un côté ce qui pourrait être gagné de l'autre.

A la première de ces questions, la réponse est péremptoire. Un angle β
négatif ne saurait naître, attendu que pour $\beta = 0$, tous les moments constituant le couple de nutation deviennent simultanément nuls[1]. Ces moments ne prennent de la valeur qu'au fur et à mesure de l'accroissement
de l'angle β lui-même.

Quant à la seconde question, quels que soient le nombre et le relief
des ailettes, il est clair que la résistance de l'air qu'elles provoquent dans le sens de la translation se réduit à celle qui naîtrait de la
présence d'un simple anneau équatorial de même saillie; or c'est
peu de chose relativement à ce qu'on évite, si réellement l'effet obtenu
est de maintenir l'axe de figure selon les éléments successifs de la
trajectoire, dispensant par là le projectile de prêter, plus ou moins
obliquement, toute une moitié de sa surface à la rencontre de l'air[2]. Les

1. Il serait trop long de rappeler ici les réserves que comporte cette affirmation. Voir
n° 86, page 44.

2. Se reporter sur ce point aux explications et développements du n° 90, page 45.

autres résistances contre les ailettes, c'est-à-dire celles qui ne sont pas dirigées selon la translation, n'ont d'effet que sur la vitesse de rotation qu'elles tendent à éteindre. Aussi le projectile doit-il emporter au sortir de l'âme, comme approvisionnement de cette vitesse, un mouvement giratoire rapide. C'est encore, il est vrai, une certaine dépense du travail de la poudre, mais qui ne sait combien sont justifiés en artillerie des sacrifices de ce genre?

Il est d'ailleurs bien entendu que c'est à l'expérience à prononcer en définitive sur la mesure à garder, soit comme relief, nombre et dentelures des ailettes, soit comme rapidité du mouvement de rotation initial. Il semble seulement indiqué que les premières tentatives ne devront pas craindre de développer beaucoup ces divers éléments.

M'appuyant sur les considérations qui précèdent, et en faisant application à une pièce d'artillerie divisionnaire, je propose un projectile du poids de 5 kil. et demi, de grande longueur, armé de nombreux rangs d'ailettes continues très-saillantes et prolongées vers l'avant. Les divers flancs sont agencés, comme il a été expliqué ci-dessus. La figure 12 donne le détail de ce projectile.

M'appuyant, en outre, sur d'autres considérations d'un intérêt de premier ordre au point de vue général du tir, telles que la convenance d'une grande densité et les avantages du forcement dans l'âme, je propose de faire le projectile, non en fonte, mais en un alliage de plomb et antimoine présentant une densité de 10,77.

En dehors de cette densité considérablement supérieure à celle de la fonte (7,3), les projectiles nouveaux auraient l'avantage d'une perfection de moulage qui assurerait la régularité complète de leurs formes géométriques, leur concentricité à peu près absolue et la faculté de ne laisser qu'un vent insignifiant, même en chargeant par la bouche, et tout cela moyennant de grandes facilités de fabrication.

Mais l'avantage principal de l'alliage à base de plomb serait le forcement naturel du projectile, par le seul fait de son inertie au moment du départ, et sous forme d'un gonflement régulier de son diamètre jusqu'à application hermétique contre les parois de l'âme.

J'ai constaté par expérience directe cette précieuse faculté de forcement, qui n'entraînerait en aucune façon la nécessité de charger par la culasse; et j'ai constaté en même temps que la douceur et la malléabilité de métal qu'elle accuse n'empêche pas un éclatement tout à fait efficace et se présentant même comme supérieur à celui que fournit la fonte au point de vue du nombre des éclats, comme de leur régularité.

La pièce se trouve donc être à chargement par la bouche, et présenter les avantages les plus sérieux du forcement, sans les complications d'une culasse mobile.

La figure 11 donne le tracé de la pièce dont le poids est de 450 kilog. Elle est en acier fondu doux, trempé ; les tourillons et le tampon de culasse sont rapportés après coup.

Moyennant cet ensemble de précautions, et grâce aux progrès récents de l'industrie de l'acier, on réalisera probablement une ténacité sans exemple en artillerie. La pièce admettra donc le tir aux plus fortes charges, en même temps que le projectile, par sa robuste armature d'ailettes, se prêtera, malgré la grande vitesse au départ, à un mouvement giratoire d'une intensité également sans précédents. J'ai prévu un pas d'hélice de $1^m,20$, c'est-à-dire plus court de 1/7 que dans le Whitworth de même calibre, qui est déjà un extrême sous ce rapport.

Pour compléter les principaux éléments de ce système d'artillerie, j'ai étudié un obus à balles dont la figure 13 donne les détails.

Enfin, prévoyant les répugnances qui attendent sans doute l'application aux obus d'un alliage à base de plomb, j'ai présenté une combinaison qui concilierait le maintien de la fonte comme métal de projectile, avec l'emploi des ailettes à haut relief, continues, dentelées, etc., et aussi avec le forcement.

Il n'y a pas à répéter ici l'exposé déjà très-sommaire que j'ai fait de cette solution.

APPENDICE

———

J'ai fait cette étude en janvier 1872. Depuis cette époque, il ne paraît pas qu'une solution définitive soit intervenue en France comme type d'artillerie de bataille. Les recherches et les essais de toute sorte se continuent encore.

Il faudrait, pour blâmer ces longues hésitations, oublier que le problème est aussi difficile qu'il peut être pressant. Nous avons à refaire par le pied notre matériel de campagne dans un moment où les progrès énormes accomplis depuis quelques années sous l'effort ardent de toutes les puissances militaires n'ont pas encore atteint le desideratum du canon de campagne, bien qu'on ait comme épuisé tous les perfectionnements dont semble susceptible ce genre de bouche à feu.

Le canon de *Reffye*, ramené par son auteur à un calibre moindre que le 7, résume probablement en lui la quintessence de ce que la science et l'industrie ont mis jusqu'à présent à la disposition de l'artilleur. Cette pièce fait incontestablement le plus grand honneur à l'habile et savant officier qui l'a conçue et perfectionnée. Est-ce cependant un dernier mot? Qui oserait l'affirmer; et qui pourrait nier que la grosse artillerie de marine, par exemple, est encore plus près de ses solutions définitives, malgré la difficulté matérielle de réaliser les formidables engins qu'elle met en action[1]?

C'est que l'infériorité d'une artillerie très-légère par nature, comme celle de campagne, est dans la force des choses. On aura beau recourir aux vitesses initiales extrêmes, aux viroles de forcement en cuivre, aux âmes en acier dur et à toutes les finesses de ce genre qui sont devenues le domaine de l'artilleur, on ne fera ainsi que ce que fait déjà la grosse

———

1. Notre artillerie de marine en est, je crois, à un type de canon de 25 tonnes, donnant des vitesses initiales effrayantes; et ce type est réalisé par des moyens courants, *industriels*, et même grandement économiques relativement à ce que fait l'étranger.

artillerie. Un peu plus de fini ou de réussi dans tout cela vaudra un progrès sans doute, mais ne saurait procurer à des projectiles sortant des caissons de campagne des trajectoires approchant celles des projectiles de marine, cinquante ou soixante fois plus lourds. Ceux-ci ont dans leur énorme puissance vive de quoi se jouer, comparativement au moins, des résistances de l'air qui restent au contraire prédominantes à l'égard de mobiles de quelques kilos et leur créent des conditions balistiques tout autres.

S'inspire-t-on bien suffisamment de cette différence profonde du problème quand on s'en tient pour l'artillerie de campagne aux mêmes procédés de solution que pour la grosse artillerie?

Je ne dis là rien de nouveau en principe. La leçon que je ferais, si j'en voulais faire une sur l'influence du poids des projectiles, serait trop naïve, tant c'est élémentaire. Et pourtant on cherche en vain dans les divers modèles de canons légers du jour ce qui devrait répondre en propre aux nécessités spéciales de leur petit format. Boulets et canons sont traités de même, qu'il s'agisse de projectiles de quatre kilos ou de trois cents kilos; c'est du petit au grand pour les nécessités d'exécution, mais les artifices contre la résistance de l'air sont au fond identiques; au point que c'est partout la même inclinaison de rayures, ou à peu près.

Cet état un peu singulier de la question m'encourage à soumettre instamment aux hommes qui ont chez nous la responsabilité de ces graves labeurs les aperçus du présent travail, dont l'ambition est de s'attaquer précisément aux résistances de l'air sur les petits projectiles, comme à la grosse difficulté du cas. J'espère l'examen, sans parti pris, de mes solutions, dont les grands traits sont : d'abord un accroissement considérable de la densité des obus, condition dont l'excellence en elle-même est classique et qui n'a de nouveau ici que les moyens de réalisation; ensuite un franc sacrifice de la tradition des formes superficielles unies dans les projectiles, pour y substituer des saillies à haut relief combinées pour le développement du couple de nutation pendant le trajet; enfin l'adoption, dans le même but, d'un mouvement rotatoire carrément rapide pour lequel les saillies en question, fonctionnant comme ailettes inarrachables, fournissent précisément le puissant organe mécanique nécessaire.

Qu'on ne s'arrête pas à ce que ces dernières propositions peuvent présenter d'étrange, qu'on vérifie bien plutôt l'ordre d'idées dont elles découlent et qui consiste à demander aux réactions du milieu ambiant lui-même le correctif de ses propres effets perturbateurs. Si la prise offerte ainsi aux résistances de l'air est une utile part du feu, il ne serait pas plus sage de la repousser *à priori* pour ce qu'elle a d'insolite à première vue, qu'il n'eût été sage de proscrire la rayure à l'avance sous le prétexte qu'elle occasionne un mouvement giratoire parasite plus violent que ceux qu'elle doit corriger.

Qu'on veuille bien considérer surtout que sur ces derniers points mes déductions s'appuient constamment et se corroborent des beaux éléments de tir fournis par le whitworth de petit calibre. Voilà un canon déjà ancien qui, dédaignant profondément les artifices les plus recherchés dans l'artillerie perfectionnée d'aujourd'hui, envoie les plus petits projectiles bruts de fonte, sans la moindre précaution de forcement, à des distances et avec une justesse inconnues avant lui. Que sont ces résultats du petit whitworth sinon une énigme en balistique, à moins qu'on n'en vienne à fouiller les effets détaillés des réactions de l'air contre les surfaces tournantes des projectiles?

Suis-je parvenu à faire naître la pensée qu'une étude de ce genre n'explique pas seulement des résultats acquis, mais peut apporter aussi un appoint utile pour des perfectionnements intéressants de l'artillerie de campagne?

A. PINAT,

Ingénieur des forges d'Allevard.

TABLE DES MATIÈRES

CHAPITRE VI.

Programme d'une artillerie divisionnaire déduit des considérations précédentes.

CHAPITRE VII.

Application à un projet d'artillerie divisionnaire.

Paris. — Imprimerie de VIÉVILLE et CAPIOMONT, rue des Poitevins, 6
IMPRIMEURS DE LA SOCIÉTÉ DES INGÉNIEURS CIVILS.